ALL ABOUT HISTORY　萤火虫

诸神退位

古希腊的日常

[英]乔恩·怀特——编著

于素芳——译

中国画报出版社·北京

图书在版编目（CIP）数据

诸神退位：古希腊的日常 /（英）乔恩·怀特编著；
于素芳译. -- 北京：中国画报出版社，2020.12（2025.4重印）
（萤火虫书系）
书名原文：All About History：Greek Mythology
ISBN 978-7-5146-1912-6

Ⅰ.①诸… Ⅱ.①乔… ②于… Ⅲ.①神话 – 研究 –
古希腊 Ⅳ.①B932.545

中国版本图书馆CIP数据核字(2020)第181195号

Articles in this issue are translated or reproduced from All About History: Greek Mythology, First Edition and are the copyright of or licensed to Future Publishing Limited, a Future plc group company, UK 2018. Used under licence. All rights reserved. All About History is the trademark of or licensed to Future Publishing Limited. Used under licence.

著作权合同登记号：图字01-2020-3002

诸神退位：古希腊的日常

[英]乔恩·怀特 编著　于素芳 译

出 版 人：于九涛
选题策划：赵清清
责任编辑：赵清清　曹　婷
责任印制：焦　洋

出版发行：中国画报出版社
地　　址：中国北京市海淀区车公庄西路33号　邮编：100048
发 行 部：010-88417418　010-68414683（传真）
总编室兼传真：010-88417359　版权部：010-88417359

开　　本：16开（787mm×1092mm）
印　　张：13.5
字　　数：154千字
版　　次：2020年12月第1版　2025年4月第6次印刷
印　　刷：三河市金兆印刷装订有限公司
书　　号：ISBN 978-7-5146-1912-6
定　　价：65.00元

欢迎打开

诸神退位
古希腊的日常

古希腊的神话和传说历来被人传颂——或通过诗歌、戏剧和电影剧本等文本形式，或通过陶器上的图像、艺术家的绘画与雕塑，还包括由人口口相传。这些神话传说揭露了声誉不佳的诸神以及他们的原型英雄们的缺陷、弱点以及严重的错误，其所代表的精神成就和深刻的教训，征服了众人。《诸神退位：古希腊的日常》一书将探究古希腊的神话起源，以及古希腊的信仰体系如何使其成为历史上最伟大的帝国之一；还将探讨几千年里这些伟大的神话传说对古希腊民众以及诸多伟大思想家（他们从神话传说中汲取灵感）的影响。当我们走进奥林匹斯山和冥府，走近宙斯、阿弗洛狄忒、赫拉、哈迪斯与波尔赛福涅等男女诸神，走近斯库拉、珀加索斯和库克罗普斯等猛兽时，我们会把故事中的事实与虚构区分开来。最后我们会看到，这些神话和传说如何随着时间的推移，哲学、心理学的进步而发生变化，以及给今天的社会留下了怎样的遗产和影响。

目录

生活与社会

- 8　　古希腊
- 11　　古希腊的起源
- 20　　古希腊日常生活
- 34　　古代奥林匹克
- 44　　古希腊建筑艺术
- 50　　古希腊神庙
- 54　　古希腊人和他们的宗教

神话与传说

- 62　古希腊神族谱
- 68　古希腊神的起源
- 81　奥林匹斯山：诸神的家园
- 86　奥林匹斯山十二诸神
- 90　死亡与冥府
- 100　死亡之神
- 104　古希腊传说
- 114　古希腊神话的教训
- 128　古希腊神话和传说中的怪兽
- 148　祭司不为人知的故事
- 158　特洛伊战争背后的真相

艺术与文化

- 172　荷马的传说
- 178　艺术与神话
- 189　古希腊哲学
- 198　古希腊神话的现代视角
- 204　古希腊神话遗产

生活与社会

千百年来，古希腊是怎样发展成为历史上最伟大的帝国之一的？让我们踏上探寻之旅吧。

- 8　古希腊
- 11　古希腊的起源
- 20　古希腊日常生活
- 34　古代奥林匹克
- 44　古希腊建筑艺术
- 50　古希腊神庙
- 54　古希腊人和他们的宗教

古希腊

古希腊国土面积很小，却给予世界很多，两千多年来一直影响着、激励着后人。

正如我们所知，一块平淡无奇的土地将继续对世界产生巨大的影响。

地中海

古希腊国土多山多岭，乡野崎岖不平，有富有田园气息的岛屿以及碧蓝的大海。正如我们所知，古希腊面积不大，但它对当今世界产生了巨大影响，并将延续下去。因为它不仅创立了民主原则，哲学概念，而且在建筑和艺术方面获得了很高的成就，在科学与数学领域取得重大发现，又是奥运会的诞生地，还有很多方面也都不容忽视——其中很多今日依然有关联。

这里还诞生了世界上最伟大的思想家和最勇猛的武士，更不用说还有万神殿以及无可比拟的一系列神话与传说。两千多年过去了，这个古老国家及其不平凡的历史依然吸引着我们，激励着我们，让我们兴趣盎然。

古希腊的起源

古希腊是一个富有吸引力的国度，起源于人类文明的蒙昧期，在西方的人文发展中一直处于前沿地位。

古希腊有着不同的文化与民族，一直被视为西方文明的摇篮。它在人类知识的各个方面都达到了很高的水平，在古代是世界的心脏，为西方社会的科学、政治、哲学、戏剧，以及奥林匹克运动会、拉丁字母表和历史编纂学的发展奠定了基础。

当我们研究古希腊时，需要说明的是，古希腊人与现代希腊人认为，"古希腊"一词，并非按字面意思理解为希腊本土，更确切地说，指的是希腊文化范畴，他们称之为"Hellas"。这个名字取自希腊民族一个名叫海伦（Hellen）的神话祖先。海伦生于何时甚至是否存在都已无从知晓。注意不要把他和特洛伊的海伦（Helen）相混淆。在古希腊，尤其是在早期，神话与传说相混合的现象很常见。今天，我们对各种自然现象都能做出圆满的解释，而且我们对科学和医学的了解远比古代的人们要深刻。对古代的人们来说，神祇可以解释未知的一切。因此，早期希腊历史直接与宗教信仰和神话相关联。此外，希腊巍峨的高山占到国土面积的百分之八十，拥有崎岖的海岸线和连绵起伏的肥沃平原，这种地理状况被视为其信仰的来源。希腊多山，风景美轮美奂，但陆路交通极其困难，因此，如果古希腊人在贸易和交通上要想快的话，就会选海路。希腊本土囿于各地地形，彼此隔绝，从而在全国各地形成了独立的城邦和社区。这些城邦和社区围绕中央城堡修建。城堡建在高地上，地势有利，可以更好地预防奇袭或入侵，最终发展成为卫城，其中最著名的是雅典卫城。

考古发现证明，古希腊人的出现可以追溯到新石器时代。古希腊的祖先和早期的居住者为古印欧人，于公元前4000年迁徙途经东欧平原，进入希腊北部。这些人在陆地上繁衍生息，形成了早期爱琴海文明的一部分。他们在爱琴海沿岸，主要进行捕鱼和贸易。从公元前3200年到公元前1100年，该地一直很兴盛，也证明了该地区持续有人居住。大约同一时期，从公元前2700年到公元前1500年，克里特岛上的米诺斯文明（Minoan civilisation）活跃起来。现在的专家认为，克里特岛经历了一场自然灾害，

◀ 图为一只古希腊红陶花瓶瓶绘，描述的是冥府，中间是正在逗乐的哈迪斯和波尔赛福涅

▲ 图为18世纪对古雅典城的刻画，可以看见卫城和广场

> 雅典是世界上最古老的城市之一，有3400多年的持续居住史。

特洛伊战争神话

这场战争发生在亚该亚和特洛伊人之间，在现存的古希腊神话中影响最大、最为著名。这是一个有关战争、爱与背叛的故事，出现在很多文学作品中，其中最为知名的是荷马的《伊利亚特》。

古希腊人认为特洛伊战争有其历史功绩，但他们也明白荷马为了提高故事的可读性，叙述中充满了夸张与虚构。现代历史学家和考古学家们一直致力于发掘该战争与其他文化——如古埃及文化和希泰族人文化——之间的关联。他们一致认为，特洛伊战争确实发生过。遗憾的是，战争的细节，比方说战争的原因与结果，随着时间的流逝已经无从找寻。

19世纪，在安纳托利亚（Anatolia）的西部高处，人们修建了特洛伊城。在荷马的特洛伊故事中，该城几乎可以确定是存在的（但其真实性还没能完全确定）。

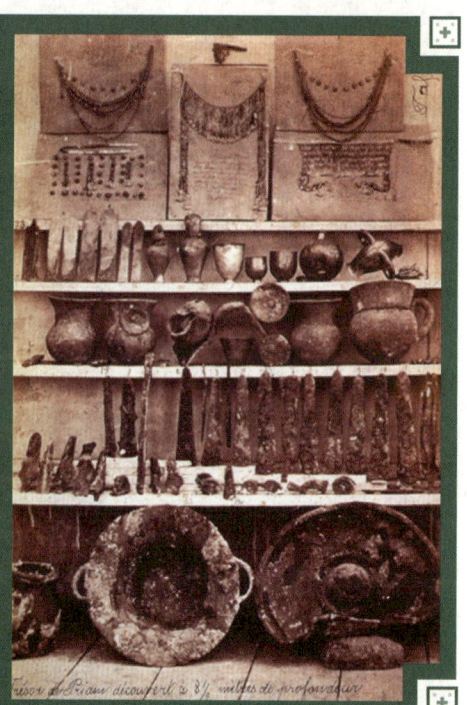

▶ 图为一组"普里阿摩斯的财宝"，从荷马笔下的特洛伊城出土

▲ 图为在庞贝古城（Pompeii）柏拉图学园（Plato's academy）发现的马赛克图像

被水淹没，而这常常被认为是亚特兰蒂斯神话的缘起。之后，迈锡尼文明从米诺斯文明中学习与借鉴了很多，开始成形。迈锡尼人是最早说古希腊语的一批人，迈锡尼文明从公元前1650年持续到公元前1200年。之后的希腊人对迈锡尼人非常推崇，对他们修建的石头卫城充满敬畏。迈锡尼人建城所用的石头巨大，卫城因此被称为"赛克乐普墙"（Cyclopean Wall）。这个名字取自神话中的独眼巨人，因为人们认为，只有巨人才能搬得起这么重的石头。米诺斯男女诸神与迈锡尼男女诸神被混合在一起，为古希腊文明构建自己的万神殿提供了基础。奥林匹斯诸神对泰坦诸神发动战争并获胜的创世神话就出现在这一时期。

迈锡尼文明没落，古希腊进入黑暗时代。之所以取名为黑暗时代，是因为从公元前1100年到公元前800年，几乎没有历史文献供我们了解当时的状况。而就是在这一时期，荷马记录了传说中的特洛伊战争（Trojan War）。尽管特洛伊城已经被发现，但是战争的真实情况依然无从知晓，再加上与神话交织得如此紧密，几乎已经难以区分开来。

从公元前800年起，我们开始了解与古希腊有关的更为熟悉的名称。第一个是特尔斐（Delphi）的祭司。在一千多年里，祭司在古希腊社会中起着突出的作用，在战争与政治方面都给各个城邦的统治者提供了神明般的指导。

几年之后，在公元前776年，第一次奥林匹克运动会（Olympic Games）举办。那时的奥运会与现在截然不同，只有一个赛项。奥林匹克

▲ 古希腊有着强悍的武士文化，驾车速度远在其他军队之上

运动会一直持续到公元4世纪，才被古罗马人废止。这段时期在古希腊历史上被称为古风时代，其间人口大幅增加，一些最为著名的大事件也始现萌芽。这一时期还是古希腊人向外殖民扩张的阶段，他们在爱琴海诸岛屿以及小亚细亚（今土耳其境内）都建有殖民地。

古希腊耕地匮乏，为了获取食物，不断向外扩展殖民范围，触角远伸至意大利南端、西西里岛、黑海沿海地区，以及伊比利亚和非洲海岸部分地区。这一时期还是古希腊城市从君主制转向共和制的阶段。这些共和国——史称城邦——控制着周围土地。两个最大的城邦——雅典和斯巴达——在这一时期强大起来。斯巴达以其浓厚的尚武风气闻名，据称培养出了世界上最强悍的士兵。雅典则被看作是民主的发源地，产生了大批极富影响力的哲学家。

接下来进入古典时期，即所谓的黄金时代：诸如古希腊民主这样的辉煌思想开始引领时代发展；诸如雅典卫城和帕台农神庙这样的著名建筑也在此时期建成。古典时期大体介于波斯入侵至亚历山大大帝离世之间，涌现出很多著名人物，如哲学家苏格拉底、柏拉图和亚里士多德。这段时期战事频仍，有规模宏大的波希战争和伯罗奔尼撒战争。在波希战争中，希腊遭受史载最强大的波斯军队入侵；伯罗奔尼撒战争则发生在强大的雅典和斯巴达帝国之间，缘起于争夺古希腊霸权。

公元前4世纪，马其顿的菲利普国王把两大城邦统一起来。菲利普所开创的事业最终由其儿子亚历山大（Alexander）完成。亚历山大史称亚历山大大帝（Alexander the Great），他一路披荆斩棘，镇压了所有的反抗。在其短暂的人生中，亚历山大开创了一个庞大的帝国，囊括整个古希腊、现代伊拉克、伊朗、黎凡特、埃及，甚至还远伸到印度。尽管在他死后不久，马其顿帝国就崩溃了，但是该时期成为希腊化时期肇始，从此，古希腊文化在当时的世界开始传播开来。

亚历山大帝国在没落后又遭到将领们的瓜分，从而为古罗马的崛起奠定了基础。公元2世纪，在亚历山大死后大约100年，古希腊落入罗马共和国之手，处于强大的军事力量统治之下。古罗马是外来的入侵者，其多数文化——例如万神殿的建造——都借鉴自古希腊人，这一时期古希腊文化对罗马的影响依然巨大。这只是古希腊本土的没落，而

> 古希腊耕地匮乏，种植最为广泛的是橄榄、小麦和大麦（被称为"地中海铁三角"）。

古希腊文化的一隅——埃及托勒密王朝——直到公元前30年亚克兴角战役之后才被推翻。该王朝以马其顿将军托勒密命名，在王后克利欧佩特拉（Cleopatra）统治时期没落。克利欧佩特拉为了情人马克·安东尼（Mark Antony）殉情自杀。

尽管独立的古希腊被推翻了，但是古希腊文化依然在地中海盆地广为传布，为我们今日都熟知的西方文明发展铺平了道路。

古希腊城市景观

古希腊城邦各具特色，但又有着相似的城市建筑。整个国家的城市景观都非常相似。卫城，又称城堡，建在城市中央隆起的山岗上。最为著名的是雅典卫城（帕台农神庙所在地），不过在科林斯和阿格斯这样的城市也有。神庙是卫城里最主要的建筑，是祈祷神灵的地方。通常，为了确保神明显灵，还会供上祭品。

卫城脚下有城市跃动的心脏——市场，还有城市重要人物的会聚地——行政大楼。市场上行人熙熙攘攘，而对于逝者，每一座希腊城市都专门辟有墓地，以供他们安息。城市周围的小山上音响效果奇佳，常常成为露天剧场的首选地点。市民们可以自愿前往。

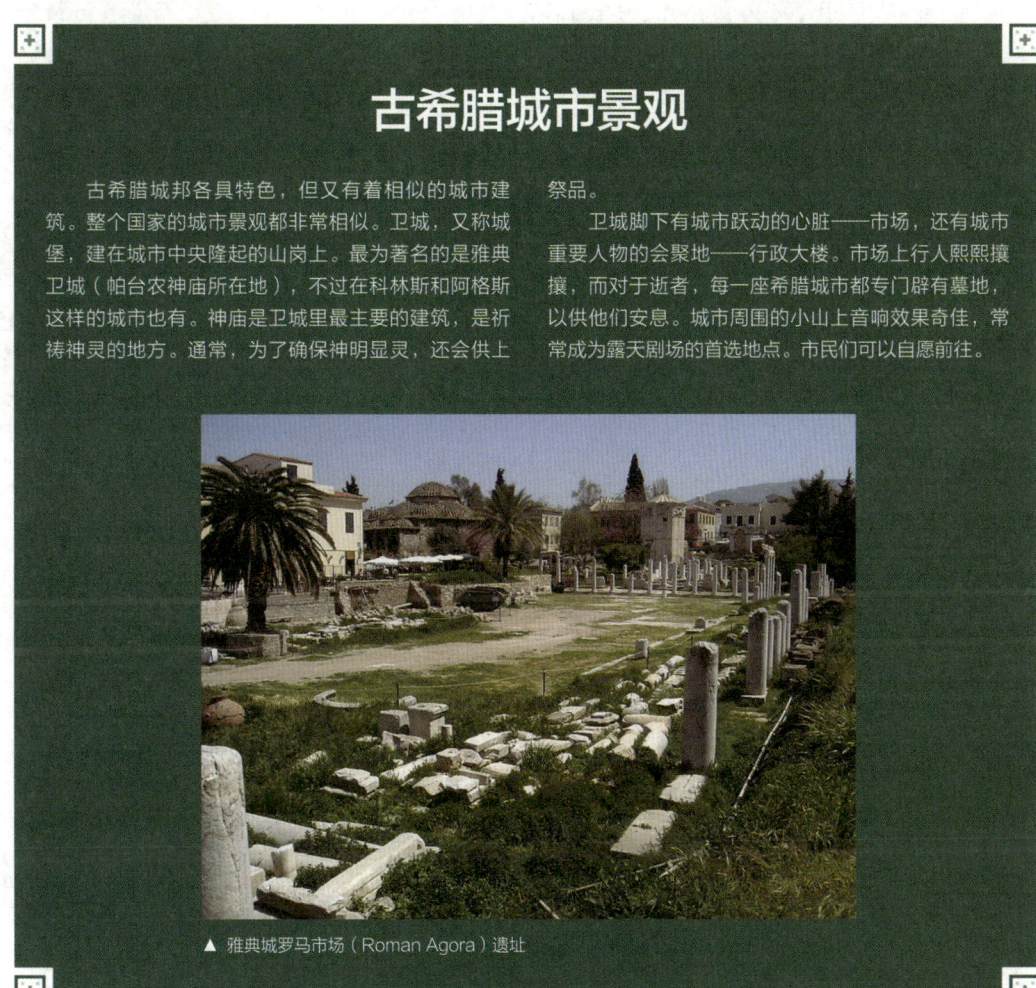

▲ 雅典城罗马市场（Roman Agora）遗址

公元前8000—公元前479年

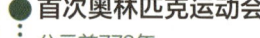
▼ 爱琴海和周边岛屿的18世纪地图

● 早期古希腊文明
公元前8000—公元前1300年

早期考古发现证明古希腊地区的人类文明史可以追溯到新石器时代。爱琴海文明在新石器时代开始形成，贯穿整个青铜器时代。爱琴海文明是一个总称，囊括了希腊大陆、爱琴海岛屿与克里特岛的不同群体。关于这些群体的历史记录很少。借助于考古和地理发现我们对他们才有所了解，知道贸易和商业在他们的生活中起着重要的作用。古希腊耕地很珍贵，贸易能力使这些文明得以繁衍生息。

● 首次奥林匹克运动会
公元前776年

奥林匹克运动会起源于敬奉众神之首宙斯的庆祝活动，最终演变为全国性的娱乐活动，彰显着古希腊民族的竞技精神。首次运动会只有一个赛项，即在祭坛附近进行的短跑。不过，赛项很快就增多了，囊括了很多运动项目，例如摔跤和战车赛。

奥林匹克运动会每四年举行一次，赛事盛大，其间运动员和观众会涌往奥林匹斯山。该运动会持续了几乎一千年，最后被国王迪奥多西（Theodosius）宣布为非法。迪奥多西禁止了所有的异教信仰。

▲ 古希腊式搏击（Pankration）是一种非常残忍的摔跤运动，几乎没有什么规则，是古代奥运会上非常受欢迎的运动项目。

> 哲学家和数学家毕达哥拉斯（Pythagoras）告诫学生们不要吃豆子，因为豆子里可能有死者的灵魂。

米诺斯文明遭到破坏
锡拉岛火山爆发是有史记载的规模最大的一次（尽管在理论上存在争议），引发了大规模的海啸，使米诺斯文明走向衰弱，大大削弱了克里特岛的实力。
约公元前1600年

特洛伊战争
特洛伊战争融现实与虚幻为一体，在荷马的《伊利亚特》中有记载。古希腊人采用欺骗的手段，潜入特洛伊城，残暴地洗劫一空。
公元前1250年

古希腊人开发意大利
古希腊人一直致力于寻找新的疆域和可耕地，最终跨过地中海，在意大利南端以及西西里岛上建立起殖民地。
公元前750年

| 8000-1300BCE | 1600BCE | 1400BCE | 1300BCE | 1250BCE | 1100BCE | 776BCE | 750BCE | 730BCE | 727BCE |

海洋民族出现
通常认为，海洋民族由爱琴海周围崎岖海岸线的部落联合组成，沿海岸线进行野蛮掠夺，在整个地中海杀出了一条血路。
公元前1300年

迈锡尼文明终结
迈锡尼文明经历了两次大规模的内乱（具体细节依然有争议），开始衰落。理论认为，大规模的海上入侵以及内部冲突使迈锡尼走向了毁灭。
公元前1100年

古希腊悲剧
希波墨涅斯（Hippomenes）是古希腊地方法官，在处理女儿的通奸案时表现极其残忍。男方被拴到战车上拖行，直到精疲力竭，倒地而死。然后，他把女儿与一匹马锁在一起拖行，直到她死去。
公元前727年

● 迈锡尼文明兴盛起来
公元前1400年

迈锡尼文明是古希腊文明的先驱。以城堡起家，迈锡尼社会的精英快速成长起来。

迈锡尼人还与克里特岛的米诺斯人接触较多，尤其是在艺术创造方面深受克里特文化影响。古希腊人对迈锡尼人充满敬畏。迈锡尼人有着发达的排水和灌溉系统，贸易足迹遍布地中海地区。

▲ 两名迈锡尼女性驾车人。她们有可能是武士。图片来自发现于皮勒斯（Pylos）的一幅壁画

▲ 图为两支重装步兵，手持漆色鲜亮的盾牌在厮杀

● 美塞尼亚战争（Messenian Wars）
约公元前730年

斯巴达和美塞尼亚之间发生了一系列的战争，美塞尼亚战争是起始。在这场战争中，斯巴达获胜，开始崛起。战争源于一次最终走向血腥的贸易事件，很快升级为一场全面战争。一年后，斯巴达获胜，获得大量财富。

美塞尼亚人要么自愿迁走，要么沦为斯巴达奴隶，人口剧减。后来，沦为奴隶的美塞尼亚人曾奋起反抗，但很快被镇压。

● 雅典民主
公元前594年

在雅典以及在整个西方世界，政治家梭伦（Solon）对民主的兴起起到了倡导作用。他的影响力巨大，在之后的岁月中几乎取得了神话般的地位，被认为是雅典的奠基之父。

在梭伦时期，雅典经历了一场经济危机，多数耕地把持在少数贵族手中。梭伦着手进行社会体制改革，把人们按收入归入不同的财富等级。他还监督制定新的法典，使其对大多数人来说更为公平。梭伦成功建立起一种被后世普遍采用的政治体制。

● 普拉迪亚（Plataea）战役
公元前479年

在前一年，希腊人曾奋勇抗战，却遭惨失败。而薛西斯似乎准备在公元前479年的夏天消灭希腊。

两支军队在普拉迪亚北部的高原上，双方都不愿意跨过阵地中间的河流，打破对阵格局。后来希腊军后退，波斯方误以为是一次攻击机会，于是冲过去。结果被强悍的斯巴达重装甲步兵大败。雅典人袭击了波斯阵营，很多波斯士兵遭到残杀。失去了军队，波斯最终丧失掉了征服希腊的野心。

▲ 梭伦的半身石像，存于那不勒斯（Naples）国家博物馆

▼ 普拉迪亚平原傍依着西塞隆山（Cithaeron Mount），波斯军就是在此处被彻底击败

雅典人痴迷于陶器
红绘式陶器在雅典成为一种新的艺术潮流。这种陶器在黑色的背景上绘出红色的人物和纹样，易于辨识，取代了原产于柯林斯（Corinth）的老式黑绘式陶瓷。
公元前525年

马拉松战役（Battle of Marathon）
这是国王大流士（Darius）首次入侵希腊的巅峰战役。希腊军队以较少的人数击败势力强大的波斯入侵军队。波斯的入侵意图遭到重创，被迫撤出希腊，十年无战事。
公元前490年

温泉关战役（Battle of Thermopylae）
温泉关战役是历史上最为著名的战役之一。在极其不利的情况下，300名斯巴达人与其他7000名希腊人死守住一条狭窄通道。此次战役与亚德米西林（Artemisium）海上战役发生于同一时期。
公元前480年

| 549BCE | 580BCE | 525BCE | 499BCE | 497-479BCE | 490BCE | 480BCE | 479BCE |

● 权力之争
希腊在西西里岛的殖民地与迦太基帝国（Carthaginian Empire）发生冲突。迦太基为著名的城邦国家，与强大的罗马发生战争，但是和希腊一样，都没有成功。
公元前580年

波斯战争（Persian Wars）
为惩罚雅典和埃雷特里亚（Eretria）参与爱奥尼亚叛乱，波斯国王大流士发动了对希腊的入侵。此次入侵还起到消除希腊影响的作用，使之不再动摇波斯军心，威胁波斯。
公元前497—公元前479年

▼ 薛西斯是波斯帝国的统治者，带领军队穿过达尼尔海峡（Hellespont），准备入侵希腊

爱奥尼亚叛乱
公元前499年

爱奥尼亚叛乱是希波战争的导火索，是希腊在小亚细亚的殖民地反抗波斯大领主的战争。当地的专制君主遭到反抗，于是在军事上联合起来，一时间形势危急，希腊本土为殖民地的同胞送去给养，并派兵援助。

爱奥尼亚第一个举起反抗大旗，烧毁了波斯帝国重要的城市萨迪斯（Sardis）。反抗历时五年，由于波斯军过于强大，爱奥尼亚人最终被迫投降，接受波斯国王统治。

波斯人的反击
公元前480年

波斯人在马拉松战役中吃了败仗之后，在国王薛西斯（Xerxes）率领下，重新组织起来，再次发动战争，入侵希腊。为了阻击入侵者，希腊人召集200多艘船只，聚集在亚德米西林海峡。波斯舰队强大，有多达1200艘战舰，却因暴风雨天气和希腊海岸线阻挡而损兵折将达三分之一，不过依然借助其数量优势击败希腊。对决使希腊了解到波斯的战略，这非常有价值，希腊最终粉碎了波斯这台战争机器不可摧毁的神话。

▲ 铸有大流士一世（Darius I）形象的硬币

公元前479—公元1896年

胜利或失败
公元前479年

在与波斯的对战中取得胜利之后，希腊本土再也没有遭到侵扰，这不难想象。除此之外，雅典集结数百个城邦，组成提洛同盟（Delian League），联起手来，继续对抗波斯帝国（Persian Empire）。雅典人很快开始动用同盟海军，尽管师出有名，但是站在希腊人的立场上，却被认为是假公济私。雅典因拥有强大的海军，不断恐吓不顺从的城邦加入同盟，使同盟基本上变成了雅典专有。这种状况很快引发了雅典与死对头斯巴达之间的冲突。

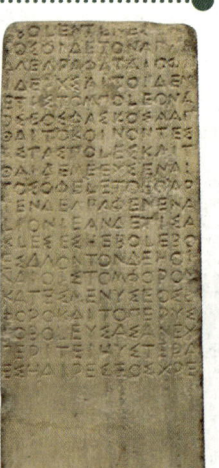
▲ 图为刻有雅典法令的石片，详细叙述了从同盟各国收取贡赋的情况

▲ 三列桨座式船是希腊和波斯海军的主要战船

国王合约　**公元前387年**

伯罗奔尼萨战争（Peloponnesian War）主要起因于对雅典的仇恨，而科林斯战争（Corinthian War）则由对斯巴达的憎恨燃起。在科林斯战争中，斯巴达在陆地占有优势，但在海战中被波斯战舰彻底击败。之后雅典领土不断扩大，波斯开始与斯巴达联盟。这种状况最终把其他的希腊联盟城拉到了谈判桌上。

安塔西达斯合约（The Peace of Antalcidas，又称国王合约）置小亚细亚诸城、爱琴海的塞浦路斯等地于波斯控制之下，确保了波斯的势力范围，使之有能力再次干涉希腊事务。这项和平协议——几乎成了讽刺——并没有给希腊本土带来和平，之后多年，战事频仍。

斯巴达奴隶起义（Helot Revolt）
斯巴达的奴隶阶层借斯巴达附近发生毁灭性地震之机，奋起反抗残暴的奴隶主。处于优势地位的斯巴达武士迅速镇压起义。
公元前465年

柏拉图诞生
柏拉图与先师苏格拉底以及学生亚里士多德一道，为西方的哲学和科学发展奠定了基础。博学的柏拉图还在雅典建立起西方第一个高等学府中心"柏拉图学园"。
公元前427年

修昔底德去世
修昔底德是唯一一个对伯罗奔尼撒战争进行详尽描述的历史学家。在历史记载方面，他与希罗多德齐名，和希罗多德一样，修昔底德也有别称，被誉为"历史科学之父"。
公元前401年

提出原子论
哲学家德谟克利特，提出了原子论思想，被称为"现代科学之父"。德谟克利特影响巨大，但几乎没有著作或作品存世。
公元前400年

479BCE　465BCE　431BCE　430BCE-429BCE　427BCE　401BCE　400BCE　387BCE　338BCE

死亡之神横行乡里
雅典流行一种传染病，城市被摧毁。有记载称，人们一开始不相信流行病会持续多长时间，结果却导致整座城市秩序混乱，道德体系全面崩溃。
公元前430—公元前429年

瘟疫再次降临雅典
第一波流行病爆发三年之后，第二波瘟疫再次袭击雅典。关于瘟疫爆发原因有很多猜想，如有可能起源于某种伤寒症，但真正的原因并不知晓。
公元前427年

马其顿崛起
在卡罗尼亚（Chaeronea）战役中，马其顿的菲利普国王大败希腊城邦联盟。之后不久，马其顿获得了几乎整个希腊南部的霸权。
公元前338年

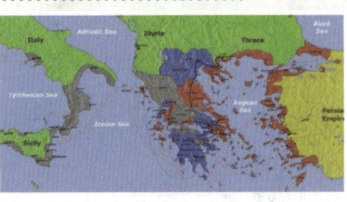

第一次伯罗奔尼萨战争开始
公元前431年

雅典势力不断增强，引起斯巴达担忧。雅典计划重建规模宏大的海港防御工事，这成为压垮斯巴达防线的最后一根稻草，因为斯巴达害怕雅典这一举措会把犹豫不决的各个城邦拉过去。

波蒂迪亚（Poteidaia）城隶属于斯巴达及其伯罗奔尼撒同盟，是这场战争的导火索。该城被承诺，可以免受雅典入侵，于是战争一触即发。经过长时间的对决，在雅典宿敌波斯的财政支持下，斯巴达最终在伊哥斯波塔米河（Aegospotami）击败雅典海军。

向世界扩张
公元前336—公元前323年

年轻的亚历山大（Alexander）从父亲手中继承了训练有素、军事能力过硬的军队，渴望征服世界。他听多了关于自己地位神圣的说法，认为自己就是一个半神。他具有非凡的领导力，加之精力充沛，赢得了很多追随者。他赢得了一系列战争的胜利，征服了希腊、埃及和波斯帝国。

亚历山大的军队远离家乡，行军数千公里，在到达印度后发生叛乱，亚历山大被迫返回。他曾一度饮酒过度，导致身体虚弱，高烧不退。历史上最伟大的将军之一因此病逝，年仅32岁。

▲ 图为《亚历山大镶嵌画》，是亚历山大大帝最为完美的图像。据历史记载，他是金黄色头发，而不是黑色头发

罗马与马其顿的对决
公元前214年

马其顿战争的第一场战争发生在马其顿与罗马及其同盟希腊之间，马其顿作为主要大国的地位被剥夺。在第二次布匿战争（the Second Punic War）中，马其顿与迦太基联手，因此成了罗马的潜在威胁。马其顿向汉尼拔·巴卡将军增派援兵，使罗马倍感威胁，赶紧派兵应对。

经过长期对阵，证明马其顿不是罗马军队的对手，到了公元前2世纪，马其顿分成亚加亚（Achaea）和伊庇鲁斯（Epirus）两部分，成为罗马的新辖区。

▲ 在战争之前依然强大的马其顿王国被罗马人夺去权势

> 在古希腊，胡须被认为是男子汉气概的标志或象征。男人甚至常常会用钳子把胡须卷起来。

● 克利欧佩特拉（Cleopatra）据传被毒蛇咬伤致死。但是这种死法极其痛苦，考虑到这一点，服用其他毒药的说法也许更可靠

王朝的灭亡　公元前30年

亚历山大大帝死后，他的一位名叫托勒密（Ptolemy）的将军自封为埃及统治者。自此，托勒密王朝兴起，统治尼罗河流域将近300年之久。希腊本土被牢牢掌控在罗马手中，由希腊人统治的埃及还拥有一定程度的自治权。这种状况在最后一位王后克利欧佩特拉统治时期走向终结。克利欧佩特拉与尤里乌斯·恺撒和马克·安东尼之间发生恋情，而两位皆为当时罗马共和国最有权势的人物，从而注定她的感情不得善终。

安东尼和克利欧佩特拉挑起反抗奥古斯都（Augustus，元老院给屋大维的尊号）的内战，之后，双双自杀，法老的希腊支脉就此终结。

马其顿诸将之战（War of the Diadochi，继业者之战）
失去了亚历山大的领导，帝国不复统一，亚历山大的各位将领为了继承王国，陷入混战。帝国四分五裂，原先的联盟之间刀刃相见。
公元前322—公元前320年

高卢入侵（Gallic Invasion）
受马其顿诸将之间纷争的影响，高卢部落入侵希腊北部，脆弱的和平局面被打破。高卢人血洗马其顿周围地区，劫掠大量战利品。
公元前280年

科林斯溃败（Defeat at Corinth）
一支希腊联盟军被罗马军击败，科林斯被摧毁，罗马帝国现在已经把希腊所有城邦置于掌控之中。
公元前146年

336-323BCE　322-320BCE　281BCE　280BCE　214BCE　146BCE　86BCE　308BCE　381CE　1896

亚该亚同盟建立（Foundation of the Achaean League）
亚该亚同盟又称希腊人联盟，由希腊北部和中部的城邦组成。各成员之间认为他们有着共同身份。这个联盟势力强大，与斯巴达、马其顿以及后来的罗马发生冲突。
公元前281年

静默的神庙
特尔斐神庙历经数次劫难而留存下来，在罗马皇帝迪奥多西一世时期被关闭。迪奥多西禁止所有的异教礼拜，并把基督教列为帝国国教。
公元381年

洗劫雅典
公元前86年

为了阻止罗马在希腊世界进行势力扩张，第一次米特拉达梯战争（the First Mithridatic War）爆发，罗马军队在将军苏拉（Sulla）带领下围攻雅典。军队毁掉了雅典城周围的乡村树木，洗劫贵重物品，对雅典进行围困。雅典被洗劫一空，血流成河。战争的结果一清二楚，不容含糊：地中海地区的政治和文化中心是罗马，而不是雅典。

▲ 在围困与之后的洗劫中，苏拉（Sulla）对雅典人毫无怜悯之心

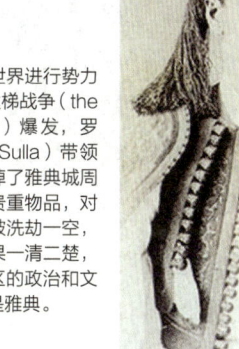

现代奥林匹克运动会
1896年

现代奥林匹克运动会是古代奥林匹克运动会的复兴，不过，其重点已从不惜一切代价获胜转为推崇体育精神，并新增了一项古代奥林匹克运动会没有的赛事：马拉松。在马拉松战役之后，一位名叫费迪皮迪兹（Pheidippides）的传令兵跑步往雅典传递胜利的消息，他奔跑的距离超过46公里。雅典也可以费为新的比赛地点。具有宗教意义的奥林匹斯不再被使用，从此退出奥林匹克运动会的舞台。

▲ 希腊人史比利廷·路易斯（Spyridon Louis）是马拉松比赛中的第一位获胜者。他一夜之间成为国民英雄

古希腊日常生活

从最富裕的公民到最贫穷的奴隶，
我们将探究各个城邦的日常生活的情景。

历史常常聚焦于伟大人物的功绩，古希腊历史也不外乎这样。一代又一代的历史学家们著书立传，笔下尽是亚历山大大帝、荷马和苏格拉底。但是，在城邦中生活、死去的普通的古希腊人，从没有领导过军队，没有写过一部史诗，或提出过新的哲学思想，他们的生活又是怎样的呢？他们是做什么的？住在哪里？在那样的时代接受了什么样的教育？

支离破碎的文献、记录和考古证明给了我们答案。哲学家们的冥思常常说明了日常各种活动，而史诗则描述了各种人物的生活。考古学家们挖掘出了房子的根基，经过分析，了解到屋内曾经发生的事情。他们找到的物体同样提供了蛛丝马迹：装饰用的花瓶呈现了屋内情景，扔掉的垃圾告诉我们作坊曾使用的工具。社会历史学家把这些细节拼凑起来，从而再现了古希腊人从出生到进入坟墓的生活情况。

古雅典比其他城邦留下的信息都多：雅典人比世界其他任何地方的居民所接受的教育都多；这里有大量的考古发现。斯巴达民众文化水平低，这是众所周知的，我们对这座城邦了解得也不少。一代又一代的历史学家发现，这座尚武好战的城邦很吸引人。而别的城邦，信息则比较匮乏。亚历山大大帝之前马其顿的日常生活则被千年迷雾笼罩，让我们无从了解。

让我们一起踏上回到过去的发现之旅，寻找更多人的故事：奴隶陶瓷商莱克斯（Lycos），盾牌制造商赛法洛斯（Cephalus）以及放债人帕西翁（Pasion）。这部书几乎无关伟大的国王和伟大的思想家，而是更多地关乎普通古希腊民众的工作、休闲与娱乐。

> 雅典每年有占人口总数百分之三的人死于战争，尽管如此，城邦公民依然认为服军役是一种荣耀。

社会是怎样构成的?

▲ 图为墓碑雕像,一名奴隶正在侍奉去世的主人

▲ 经众人投票,雅典公民将可能遭到放逐,时间长达十年

▲ 亚里士多德是古希腊最为知名的人物之一,但因他出生于古希腊北部,在雅典城被列为外邦人

重装步兵排成一排,并肩站立,准备接受敌人的冲锋。他们右手持矛准备刺敌,左手持盾,盾紧挽着盾,形成一堵长长的盾墙。单兵作战时,持矛的士兵很容易被击败,但是一旦联合起来,他们就形成了团结一致的坚固防线,变成了令敌人闻风丧胆的方阵。

各个城邦的社会结构起源于战场上的布局。为了有效御敌,需要大量的士兵组成方阵,并且保持队形。如果士兵觉得自己是所守护城邦的一分子,那么在战场上就更有可能勇敢杀敌。古希腊的公民思想也因此诞生:如果每个人在战场上都要加入方阵、参与战斗,那么在城邦中他们也应该参与政事。

公民最严苛的义务是接受城邦召唤,加入方

阵（多数城邦四年中有三年在打仗，公民受召参战的频率是很高的）。此外，他们还具有公民责任。他们必须参加501人的陪审团（人数之所以众多，是为了防止陪审员收受贿赂），而且多数人还要参与500人的议会。依据职责，他们可以取得相应的报酬，但数目并不大，更多的是一种象征。富裕的公民遇到紧急情况时需要纳税（如在伯罗奔尼撒战争期间），并按要求支付特殊的费用，如战船费，庆典活动以及新建体育馆的费用等。公民们并不觉得这种赞助是一种负担，常常争先恐后，为国家提供最好的支援。

在古希腊，获得公民身份成了一种理想，而公民身份仅限于完成军事训练的成年男性。城邦还有其他的居民，不过他们的社会地位因身份而不同。

雅典的外国人被称为外邦人。这类人有义务服军役，但没有公民身份，不能参与选举、担任公职或拥有土地。不过，他们有权利参与司法程序。作为外邦人有诸多限制，但在公元前5世纪早期的波

> 在一口井里存有190块破损陶瓷片，上面的刻文笔迹相似，有可能是雅典选举操控的明证。

· 23 ·

放逐的危险

受够了某个公民？那就将他放逐吧

拥有公民身份会带来某些好处，但也有不好的地方，最可怕的是有被放逐的危险。每年一次，会在雅典公民中征询意见，看他们是否想放逐什么人。如果答案是肯定的，就会进行投票，每个公民都要在一块陶瓷片（ostraka）上写上要放逐人的名字（放逐一词ostracism由此而来）。然后统计票数，得票最多（只要达到最低人数或法定人数）的那位将被驱逐出雅典。受驱逐的公民有十天的准备时间，之后必须离开雅典，如果中途回来会被处死。不过他们的财产和财物会得到保护，十年之后获得自由，可以回来。

放逐意在消除城邦的威胁，防止公民权势过大，欺压他人。不过，这种做法也有可能会被滥用。有些遭放逐的公民沦为个人仇恨的牺牲品。有"正义之人"之称的政治家和将军亚里斯泰德（Aristides）曾经帮助一位不识字的公民在陶瓷片上写字。受帮助的公民不认识他，要他写的竟然是"亚里斯泰德"："我就是不愿意听到他有多么好。"亚里斯泰德最后获得最高票数，遭到放逐。不过，他在公元前479年被召回，帮助抗击波斯人入侵。

斯战争之后，雅典就接收了大批移民，比如往安全的地方出逃的爱奥尼亚人。按规定，外邦人每月要支付一德拉克马（drachma）的人头税，否则就会被贬为奴隶。在之后的几十年里，外来人口持续增加。到公元前431年达到2万人，大概占到了雅典人口的十分之一。他们在数量上虽不占优势，却在城邦生活中起着重要作用。

处于社会等级最底层的是奴隶，占到雅典人口的四分之一。奴隶务工的作用在希腊社会不可小觑，它使公民有时间参与民主管理。蓄奴规模通常不大，因为买卖奴隶的利润并不大。一个没有技能的奴隶通常价格在200德拉克马左右，或相当于一个工人日工资的200倍。有技能的奴隶价格是没技能奴隶的三倍。而一个奴隶妓女转手能赚3000德拉克马。

女奴通常用来做家务、做饭或干其他杂事。不过，她们常常遭到主人的虐待。男奴常常兼有自己的作坊，从事贸易，偶尔也能挣足够的钱赎回自由，获得外邦人身份。

女性的地位通常比奴隶好不了多少，尤其是在雅典。女性无权参与政事，名下不能拥有财产，常常依附于丈夫、父亲或其他男性亲属。她们多数时候待在家里，进行编织或演奏乐曲。购物通常由奴隶来完成，女性走出家门的最好机会是打水。不过，在富裕家庭，打水也由奴隶来做。

只有在宗教方面，雅典女性才享有自主的机会。雅典城的保护神雅典娜（Athena）由女祭司侍奉，其他神灵祭拜的中心环节中也有女祭司参与。赛思摩佛罗斯节（Thesmophoria）用来纪念德墨忒尔（Demeter）和庆祝丰收，只有女性参加。还有春季酒神节用来纪念酒神狄奥尼索斯（Dionysus），气氛尤为热烈，女性可以离开市区，敞开饮酒，男人则通常要远离庆祝中的女性。

为纪念狄奥尼索斯而举行的春季庆典活动，极其喧闹。

居家生活是什么样子？

早期古希腊人的房子多为简单的两居室，带开放式走廊和坡度较小的山墙。之后典型的神庙建筑就是这种结构。然而，家庭住房很快发展成庭院住宅，可以容纳人口众多的大家庭。夫妻、小孩、老人、未婚子女以及家奴都生活在同一屋檐下。当然，奴隶的住处要么截然分开，要么另有房子。

女孩在家里有独立的生活空间。她们常常订婚很早（大约在5岁的时候），等长到16岁左右的时候结婚。新郎通常在30岁左右。婚宴持续三天时间，会给处女神阿尔忒弥斯（Artemis）、宙斯的妻子兼婚姻女神赫拉（Hera）献祭。在按仪式进行沐浴更衣之前，新娘会处理掉童年时期的玩具。前来迎娶的新郎也一样。摆过宴席之后，新郎带着新娘和新娘父亲准备的嫁妆回家。

然而，妻子的人身自由比在娘家强不了多少。她们大多数时候待在家里做些零碎活，比如编织（在那时候只是一种家务，还远说不上是一种生意）。她们多数时候待在楼上的女性专用房间（gynaikon rooms）里，晚上也是，因为丈夫与妻子通常分开睡觉。

男人在家里也有自己的房间，叫作男人专用房间（the andron）。白天，男人如果不做工或履行公民义务，可以在房间里休息；晚上，可以在里面玩乐。城邦里很少有有组织的娱乐活动，

因此，古希腊人会邀请亲朋参加聚会（称作"酒宴"，意思是在一起喝酒）。这是一种仪式感很强的习俗，从晚餐开始。饭菜被清理走之后，人们会带上花环，分享饮品。饮品只有白酒，因为古希腊人不喝啤酒。人们举行奠酒祭神仪式，敬奉各路神灵。整个过程有着严格的规矩，以防局势失控。不过，有证据表明，很多酒宴最终以争吵或醉鬼狂欢终结。尽管女性禁止参加，但是常常会雇用女性吹笛手和舞者为娱乐助兴，还会让女奴敬酒。

男女分别有不同的生活空间，这是很奢侈的，穷人家根本做不到。穷人家只有一间房，用临时的可移动的墙隔开。他们根本没有地方举行酒宴，因此常常走出家门，去酒吧喝酒。酒吧有的是简单的街头小摊，有的是房间众多的楼房，里面都供应食物、酒，还提供火把，以便饮酒者在没有街灯的城市里照路回家。

尽管男女无论白天黑夜都分处不同的房间，古希腊却维持着很高的出生率。妻子一旦给丈夫生出一位男性继承人，地位就会立马提高。不过，意外或者不令人满意的怀孕和生产非常普遍。为了解决这个问题，古希腊人采取一种非常残暴的方法：杀死婴儿。杀死小孩会被国法判为谋杀，受到惩罚，但是父亲拒绝不如意的孩子（可能是因为孩子有病，也可能是因为不想要，或仅仅是因为是个女孩）却为社会所接受。遇

> 古希腊人通常的家养动物有鹅、鹤、鹌鹑、狗以及黄鼠狼。

到这种情况，孩子就会被丢在城外，听由天命。个别幸运的孩子会被人救走，被无子嗣的女人抚养成人，而多数孩子会死掉。在斯巴达，遗弃婴孩甚至由国家出面组织：准备遗弃的婴孩会被带到一群长者面前，由他们而不是由父亲来决定其命运。

被救下来或符合父亲意愿的幸运男孩第一年会生活在女性房间里。富有的家庭会雇用一位奶妈，而贫穷些的则由母亲亲自照料。几乎所有家庭都会给孩子读《伊索寓言》。男孩长到6岁，

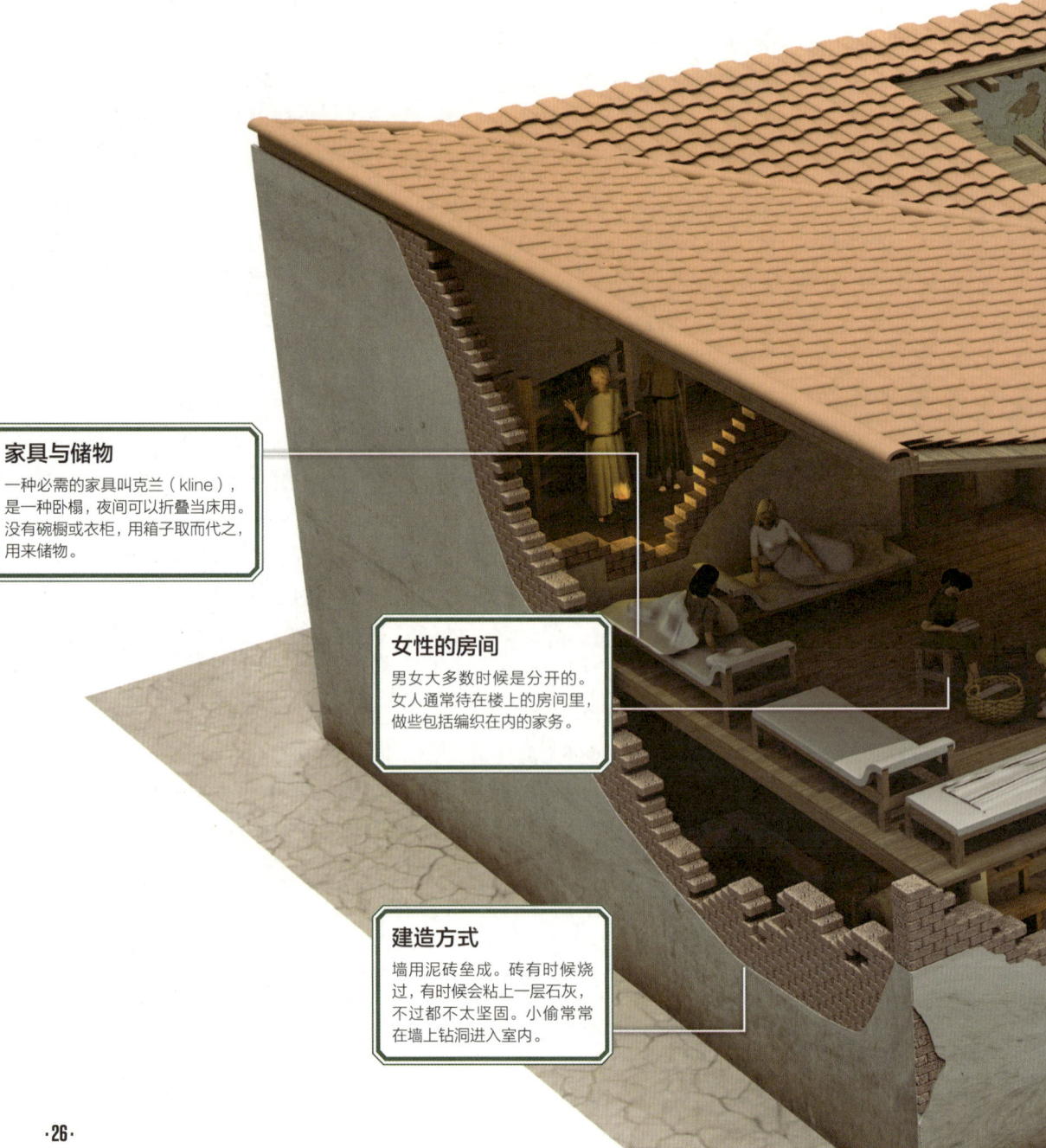

家具与储物
一种必需的家具叫克兰（kline），是一种卧榻，夜间可以折叠当床用。没有碗橱或衣柜，用箱子取而代之，用来储物。

女性的房间
男女大多数时候是分开的。女人通常待在楼上的房间里，做些包括编织在内的家务。

建造方式
墙用泥砖垒成。砖有时候烧过，有时候会粘上一层石灰，不过都不太坚固。小偷常常在墙上钻洞进入室内。

便进入又一个新的阶段的教育。

有出生就有死亡。如果家庭成员死了,料理后事的责任就落到活着的人身上。死者的尸身会在家里停放三天。哀悼者不避众人,撕扯衣服、头发,号啕大哭,拒绝进食。人们普遍认为这样做可以安慰逝者。一直到葬礼结束,逝者将暂居于现世和下一世界之间。

庭院住宅
房子围绕院子建成。男性专用房间通常在院子北边,冬天可以晒到太阳。

洗浴与如厕
只有富裕的家庭才有浴缸。房子都没有厕所,男人和女人如厕都用便壶,婴孩常常被大人抱着往窗外大小便。

前门
前门是木门,很坚固,可以上锁,插门闩。这种木门还很昂贵。伯罗奔尼撒战争爆发时,很多雅典人逃离时都把门带走了。

▲ 纸莎草纸很昂贵，因此上学的古希腊男孩子用蜡板和铁笔学习读写算

孩子们如何接受教育？

古希腊伟大的思想家亚里士多德认为，"教育源于痛苦，终于甜美。"多数古希腊城邦把教育看作帮助人们成为未来合格公民的途径。不过，城邦在教育上起到的作用很小，教育的重任落在父母和私家教师身上。孩子长到18岁（此时已经成为青年人）时城邦开始介入，要求他们服两年的兵役。

早期教育没有统一的形式，通常是在家，由母亲或奴隶担任教育者。从6岁起，多数古希腊男孩会上三种不同的课程。他们要为这种特权付费，只不过费用很低，除去最为贫穷的家庭之外，所有人家都有能力让孩子至少上几年学。授课通常在教师的家里进行，每个班级有10个到20个男孩。来自富裕家庭的男孩通常有家奴（叫作paidagogos）负责接送和照顾日常。而除了家奴和老师之

> 尽管有的奴隶也接受读写训练，但是古希腊识字的人口不到百分之三十。

这就是斯巴达

古希腊的尚武城邦是如何训练新一代武士的?

古希腊多数城邦都希望男孩子长成有担当的公民,而斯巴达却别出心裁:在方阵中训练男孩。为了做到这一点,斯巴达的教育由国家控制。男孩子长到大约7岁就会被送进教练所(the agoge)进行军事训练。在之后的12年里,男孩子与同学睡在营房,由老兵教导。要求极其残酷,会故意少给男孩子饭食和衣物,鼓励他们自己动手、去偷、学会忍饥挨饿。为了锻炼体力和耐力,各种惩罚会逐渐加重,体能训练也会越来越艰苦。尽管也教读书和写字,但并不被看重,只限于能理解军事消息。课程中还包括音乐和舞蹈,不过依然服务于培养军事能力,因为这些课程可以训练男孩们在方阵中的整体协调能力。

军事训练的巅峰时期是让最优秀的学生追杀奴隶。如果被抓住,男孩将受到惩罚。惩罚他不是因为谋杀,而是因为他没有能力在不被发觉的情况下完成杀戮。教练所训练结束之后,又是两年耗神费力的军事训练。只有长到20岁时,斯巴达人才有资格成为武士,为参战做好准备。

▲ 斯巴达教育有一个目标:把男孩子打造成武士

外,任何成年男性进入教室都被认为是违法的。

第一种课程教文法和基本知识。没有课桌,学生坐在凳子上,用蜡板和用骨头、金属制成的笔写字。等到有能力学习更长的作品时,男孩们开始学习荷马史诗,并能够成段背诵。第二种课程的老师是琴师,教音乐相关的知识,包括音乐、舞蹈、各种诗歌。多数男孩都学习演奏乐器,通常是七弦竖琴、长笛和管乐器。

最重要的是体育课,由体能训练者来教授。学生在这里学习各种运动,如摔跤、跑步、掷铁饼和投枪。古希腊人普遍认为体能训练很有必要,有益身体健康,改善体型。最为重要的是它令男孩们为服兵役做好了准备。因此,体育课老师是所有老师中收费最高的。

进入青少年时期以后,多数男孩的教育终止,开始学习经商。不过,富裕的家庭会继续掏钱,让孩子跟随智者、四处讲学的哲学家兼老师(从一个城镇转移到另一个城镇,讲授修辞技巧)学习。

对有抱负的古希腊年轻人来说,修辞技巧是一种重要的技能。能把话说好,影响议会和法庭是获取权力的不二途径。公元前392年,伊苏克拉底(Isocrates)在雅典建立起一所永久性的修辞学校,收取高昂的学费,这让他积累起相当可观的财富。

不过,并非所有的雅典人都认可伊苏克拉底传授的价值观。

▲ 柏拉图的学园提供了一种新的教学方式,集中在科学、辩证法和政治上

▲ 男孩和女孩都接受音乐和舞蹈教育，只不过女孩常常在家接受教育，而且不正规

有的雅典人指出其弊端，认为过于强调了修辞在教育体制中的作用。雅典作为民主城市，遇到重要决定，都要召开全体男性公民大会，通过投票进行表决。雅典曾被斯巴达占领。很多雅典人把战争失败归因于教育：不是因为公民不懂得投什么票，而是因为修辞技能让某些人说服议会做出了错误的决定。随着哲学在古希腊的发展，教育作为终身学习的思想开始出现。公元前387年之后，柏拉图首次出访意大利和西西里岛后返回，创办了雅典学园（the Academy in Athens）。人们通常认为，这家学园是世界上第一所大学。学园基本上是一个俱乐部，有兴趣的人和有趣的人会集一堂。学园不收取费用，也不向公众开放，没有正式的课程，师生之间也没有明显的区别。与伊苏克拉底不同，柏拉图不太注重修辞学，学生们可以学习数学，科学，辩证法以及政治。亚里士多德曾是雅典学园的学生。他在学院学习了20年，然后才成为亚历山大大帝的老师，并建立起自己的学校——吕克昂学园（the Lyceum）。

在古希腊，正规的教育对象仅限于男孩子。富人家的女孩子在家接受教育，老师通常由奴隶担任，教女孩子读书、写字、吹长笛。只有在斯巴达，女孩子才可以接受正规教育。除了学习唱歌、跳舞和演奏乐器，斯巴达女孩还进行体能训练，甚至学习跑步、摔跤和投掷。这一时期的人们认为，强壮的女性可以生出强壮的后代，还可能成为紧急时刻的最后一支防御力量。

> 据传，亚历山德拉图书馆藏有超过50万卷的莎草纸，是其他图书馆藏量的二倍。

古希腊人做什么工作？

对多数古希腊男人来说，最理想的人生莫过于做一名悠闲的绅士。这种绅士不必为生活奔波，可以把精力投入城邦的政治与社会义务中。一个公民要在直接民主制中充分发挥作用，必须见多识广，有能力参加各种讨论、辩论，为政策制定施加影响。

不过大多数古希腊人没有这么幸运，有闲在广场（Agora）上消磨时光。阿提卡（Attica）有半数以上的人在乡村劳动（其中很多人出于安全考虑住在城内），要么种自家的小块耕地，要么租种富人的耕地，按一定的百分比上交收成。大麦和小麦是主要农作物，其他的还有橄榄、甘蓝、洋葱和莴苣。

那些在城市里工作的人，绝大多数都是生意人，负责着城里人的日常需求，如铁匠、雕刻匠、绘画者、木匠，等等。与贵族们相比，毫无疑问，他们的社会地位较为低下，但他们很多人是公民。其他的居民要么是外国来的外邦人，要么是奴隶。奴隶可以代表主人做生意。相对于做家务的家奴，这些奴隶在生活上有一定的独立性。不过，他们挣的每一分钱都属于主人。也有少数可以自己保留一小部分。雅典出名的一位奴隶工匠名叫莱多斯（Lydos），他会在制出的每一个花瓶上都打上"奴隶莱多斯"的标记。

有的手艺人凭借灵巧的双手获得大量的财富。制刀商德莫斯蒂尼（Demosthenes the knife maker）去世时，留下的遗产相当于一个手艺人220年的工资。锡拉库扎（Syracuse）的赛法洛斯在比雷艾福斯（Piraeus）建立起一家制盾作坊，生意不断扩大，手下有120个奴隶做工。不过，这种成功的例子很少，德莫斯蒂尼和赛法洛斯这样的商人毕竟只是凤毛麟角。

受雇于成功手艺人的不单单是奴隶，穷困的公民也会在作坊中干活，尽管为其他希腊人做工身份尴尬。受雇公民的地位甚至比奴隶都低，因为奴隶至少还有一定的职业安全感。

> 考古学家几乎没有发现商店，手艺人都是在贸易日销售自己的产品。

商业的发展使古希腊人互相之间联结起来，并且与外面的世界有了联系，如波斯、印度、英国、中国。就这样，各个城邦开始专职于某一行业。科林斯以制瓷闻名，尤擅制造双耳细颈酒罐，用来盛放橄榄油和酒，销往整个希腊和外国。到后来被雅典的制陶商取而代之。但科林斯后来又开发了新的金属制造业务。此时，最好的纺织品产自米利都（Miletus），最好的羊皮纸产自凯拉米克斯。

随着各行业的发展与繁荣，新型的工业、银行业和贷款业务也发展起来。现金流量巨大的商人凭借信用证贷款，在生意结束时归还。因为这种借贷关系，一些爱奥尼亚的城邦不得不雇用金融顾问，记录现金流，也因此促进了复杂金融系统的发展，并为公民提升社会地位提供了前所未有的机遇。雅典曾有位叫帕西翁的奴隶，因为在经营信贷业务中表现出非凡的才智而获得了自由。他继承了主人的银行业务，建立起一家制盾

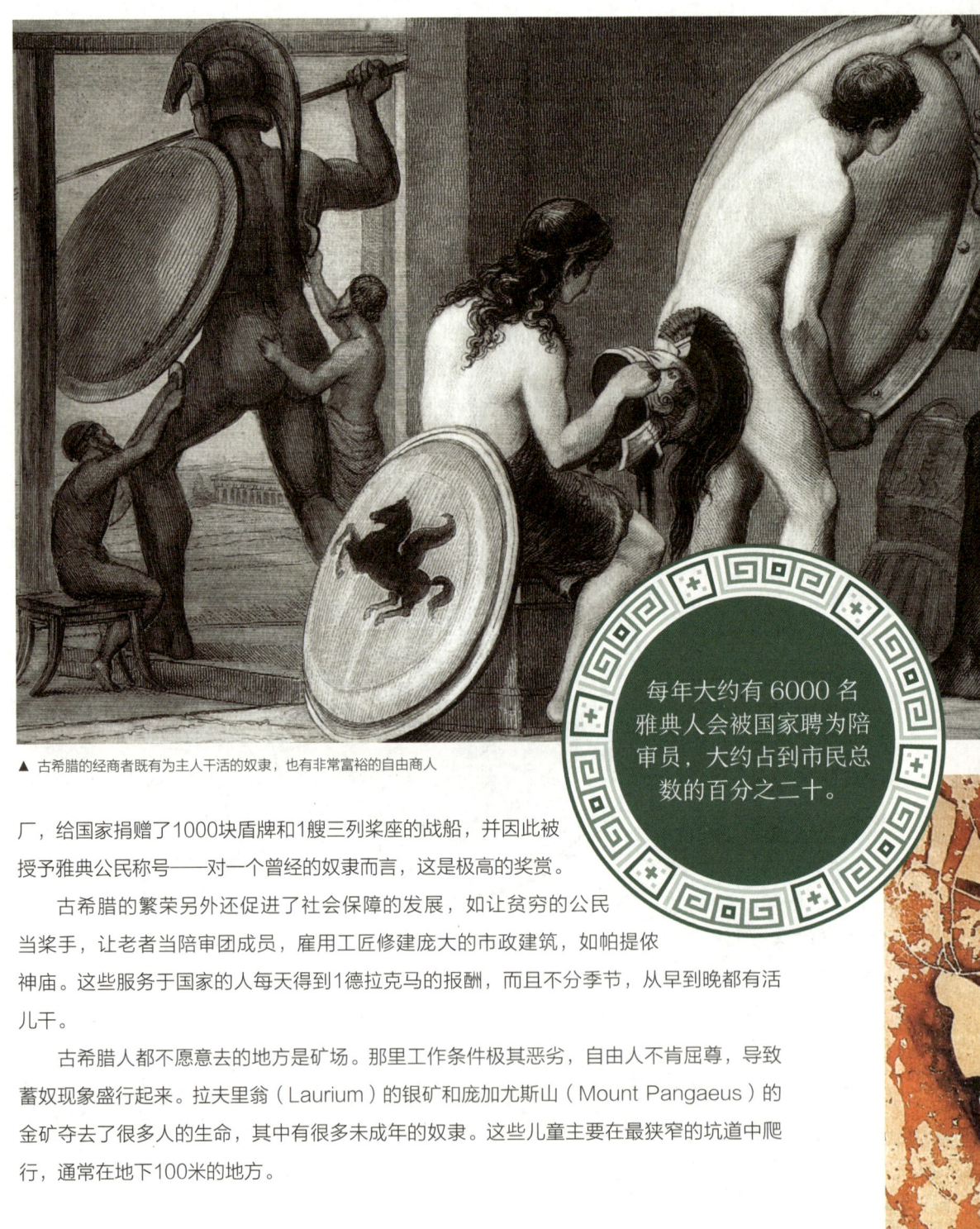

▲ 古希腊的经商者既有为主人干活的奴隶，也有非常富裕的自由商人

厂，给国家捐赠了1000块盾牌和1艘三列桨座的战船，并因此被授予雅典公民称号——对一个曾经的奴隶而言，这是极高的奖赏。

　　古希腊的繁荣另外还促进了社会保障的发展，如让贫穷的公民当桨手，让老者当陪审团成员，雇用工匠修建庞大的市政建筑，如帕提侬神庙。这些服务于国家的人每天得到1德拉克马的报酬，而且不分季节，从早到晚都有活儿干。

　　古希腊人都不愿意去的地方是矿场。那里工作条件极其恶劣，自由人不肯屈尊，导致蓄奴现象盛行起来。拉夫里翁（Laurium）的银矿和庞加尤斯山（Mount Pangaeus）的金矿夺去了很多人的生命，其中有很多未成年的奴隶。这些儿童主要在最狭窄的坑道中爬行，通常在地下100米的地方。

> 每年大约有6000名雅典人会被国家聘为陪审员，大约占到市民总数的百分之二十。

从奴隶到荣耀人生

并非所有的奴隶都注定要过劳苦的生活，有的奴隶挣脱枷锁，最终获致成功的人生。

伊索（Aesop）

伊索生而为奴，而且被描述得极其丑陋，但他却凭借卓越的头脑获得自由，并成为国王的幕僚。他还搜集民间故事，写出了在古希腊所有儿童都非常熟悉的《伊索寓言》。

鲁多珀斯（Rhodopis）

这是一位奴隶妓女的别称，意思是"玫瑰花般的脸庞"。她被主人带到埃及，有人因倾慕其美貌而将其买走。她在埃及依然是妓女。传说有法老娶了她，她当上了王后。

愤世嫉俗的第欧根尼 (Diogenes the Cynic)

哲学家第欧根尼是犬儒学派的奠基人之一。他曾被海盗抓住，成了奴隶，被卖给一个科林斯人，并给这人的孩子当老师。一直到死，他都待在科林斯。死的时候，主人已经还给他自由身。

伊利斯的斐多 (Phaedo of Elis)

公元前402年斐多被斯巴达人抓了起来，变成奴隶。他姿容较好，成了男妓。最后由苏格拉底的一个朋友为其赎得自由身。之后斐多成为这位伟大的哲学家的门徒，在其去世时也守在跟前。之后回到伊利斯，创办了自己的学校。

▲ 图为在拉夫里翁银矿干活的奴隶。他们做的工作在古希腊有可能属于最低等

古代奥林匹克

从庆典活动、运动员、重大事项以及神话入手，
探求奥林匹克运动会的起源。

从公元前776年到约公元前425年，每隔四年，参赛者和观众都会涌向希腊南部的一个神殿，参加古代世界最不同凡响的运动赛事。举行这样的运动会是为了纪念诸神之王宙斯，他统治的范围从冰雪封顶的奥林匹斯山诸峰一直延伸到遥远的北部。这座神殿所在地名为"奥林匹亚"，得名于宙斯所居住的奥林匹斯山。

庆典活动在初期很简单。早些年里，参与者主要来自距奥林匹亚65公里远的负责庆典活动组织的城市——伊利斯。在八月月圆之夜的第二天早上，他们给宙斯唱圣歌、念祷词、杀牲宰牛，把牛骨和牛脂在圣坛里烧掉作为祭献，然后烹制牛肉，准备晚宴。到空气中弥漫着令人垂涎欲滴的肉香时，很多参赛者开始往东边不远处移动，脱得只剩下缠腰带（参赛者全裸始于公元前720年），其他人退到圣坛附近的终点线位置，进行观看。这段距离大约有180米，相当于古希腊语中的一个"斯塔德（stade）"①。这个词也是英语单词"stadium"（体育场）的词源。比赛历时不足30秒钟，很快结束。公元前776年公布了获胜者，是当地的一位面包师，名叫科洛博斯（Coroebus），是当年的唯一获胜者（因为竞走是当时唯一的比赛项目）。奥林匹克运动会是从仅有一个比赛项目发展起来的。

奥林匹克运动会就这样发展了有两代人的时间。从公元前724年起，其他项目被引入，庆典活动开始声名远播。碰巧的是，这也是古希腊人有崭新开始的时期：很多大陆城市都成船地往外输送市民，到外邦开拓殖民地，从西部的马赛（Marseilles）到东部的拜占庭（Byzantium），从利比亚（Libya）的古利奈（cyrene）到现代阿尔巴尼亚的埃庇达鲁斯（Epidamnus），到处都有。随着古希腊人脚印往外扩展，古希腊人渐渐意识到有必要创造并保有一种文化身份。公元前5世纪，历史学家希罗多德这样写道，把希腊统一起来的是"共同的血脉、语言、神殿、祭献的牲畜，以及相似的生活方式"。他也许还应该加上"争强好胜"，

---

① 古希腊、罗马的长度单位。——编者注

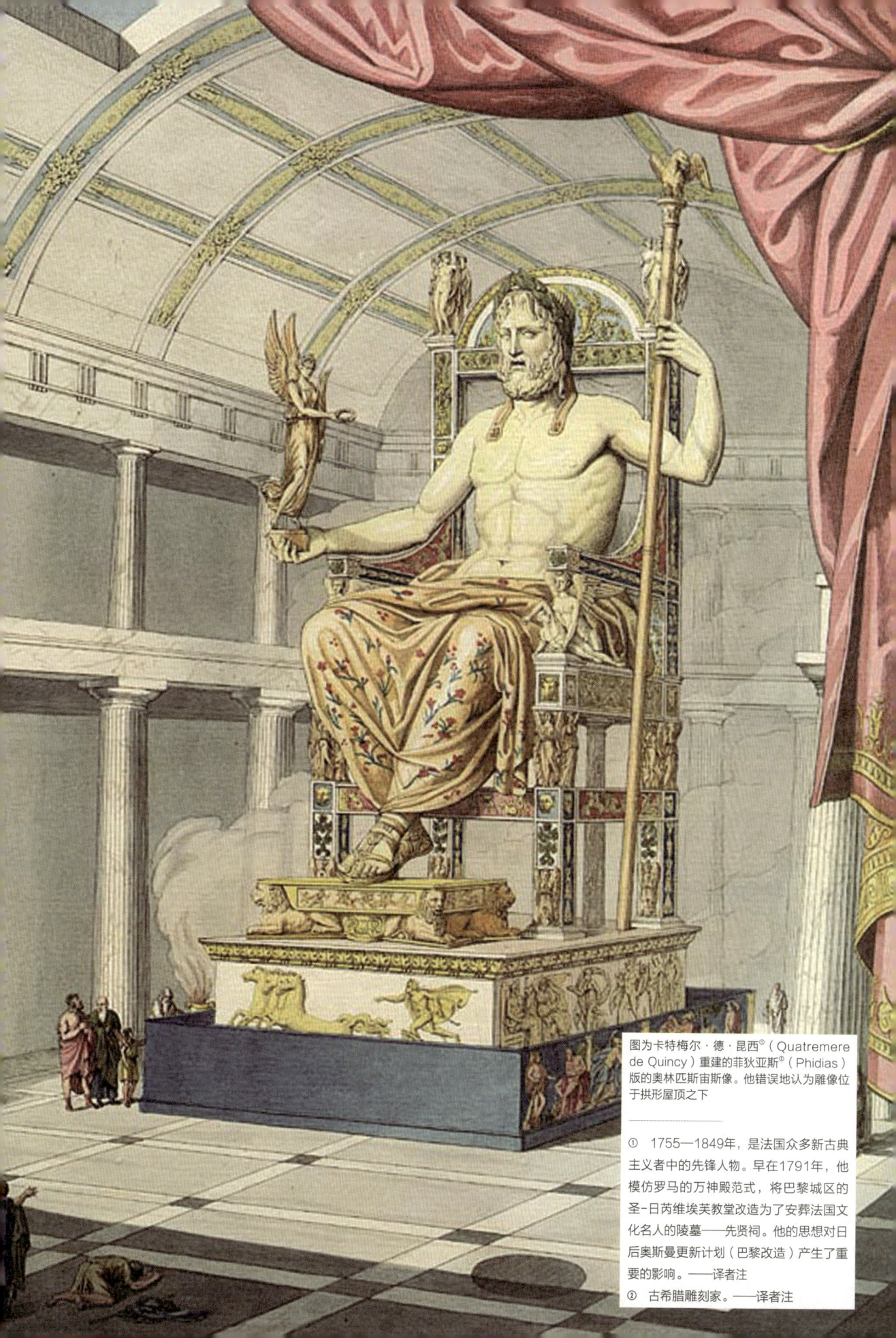

图为卡特梅尔·德·昆西①（Quatremere de Quincy）重建的菲狄亚斯②（Phidias）版的奥林匹斯宙斯像。他错误地认为雕像位于拱形屋顶之下

---

① 1755—1849年，是法国众多新古典主义者中的先锋人物。早在1791年，他模仿罗马的万神殿范式，将巴黎城区的圣-日芮维埃芙教堂改造为了安葬法国文化名人的陵墓——先贤祠。他的思想对日后奥斯曼更新计划（巴黎改造）产生了重要的影响。——译者注
② 古希腊雕刻家。——译者注

奥林匹亚现在所吸引的不仅仅是运动员，还有富人和有影响力的人物。

因为激励着所有希腊人的一句话是："永远要超越其他人，做最优秀的。"这句话出自《伊利亚特》，是给阿喀琉斯①（Achilles）的忠告。《伊利亚特》跟奥林匹克运动会一样成形于公元前8世纪。

《伊利亚特》讲述了普特洛克勒斯②（Patroclus）葬礼比赛中的英勇行为，从而激起希腊人丰富的想象力，他们把自己认定为特洛伊战争英雄的真正后人。因此，他们很快把战争发生地确定为奥林匹亚。尽管还有其他的与运动相关的欢庆活动兴起（最著名的有特尔斐、科林斯和尼米亚〔Nemea〕），但奥林匹克运动会始终处于至高无上的地位。到公元前6世纪，选手来自希腊各个地方。公元前5世纪早期，希腊大陆成功击退波斯人进攻，与此同时，西西里岛的希腊人打败迦太基人和伊特鲁里亚人（Etruscans）。于是，希腊人在奥林匹亚进行献祭，表达谢意。

随着赛事庆典地位的提升，奥林匹克运动会增加到5天。同时，通过献祭和宴会出现了新的展示力量的机会，这意味着奥林匹克运动会现在吸引的不仅仅是富人和具有影响力的人物，同时还吸引着国王和政界人物。这些人很希望阔步于这个国际性的舞台，举行高级别的会议，就世人瞩目的交易进行协商。很多人热衷于参加战车赛——奥林匹克运动会花费最大的比赛项目。马其顿国王亚历山大一世就是其中的一位。很多人认为他的臣民不是纯正的希腊人。公元前504年，他追根溯源，认定祖先起家于伯罗奔尼撒半岛的阿戈斯城市（Argos），从而成功地证明了本民族的合法性。约一个世纪以后，到了公元前416年，雅典花花公子型政客亚西比德（Alcibiades）步其后尘，率领无可匹敌的七支马车队参加奥林匹克运动会的战车赛，彰显了自身的财富与权力。不足为奇，他赢了。为了表示庆祝，他举行宴会，招待观众。宴请费用部分承担者是来自爱琴海希俄斯岛（Chios）和莱斯博斯岛（Lesbos）的富人。

与此同时，随着参赛人数的激增，其他人也被吸引进来：不仅仅是商人希望大挣一把，而且像希罗多德这样的历史学家也被吸引过来，在宙斯神庙的柱廊间诵读自己的著作《历史》；发明透视画法的艺术家宙克西斯（Zeuxis）也穿着写有金色的自己名字的斗篷在奥林匹亚游荡；颂歌歌者平德尔（Pindar）也急于想获得盛会的委托。尽管有远见之明的伊苏克拉底（Isocrates）借用这个古希腊大会，真诚地恳请与号召希腊团结起来，以共同对抗强悍的入侵者，但是没有人理会。在公元前338年的喀罗尼亚（Chaeronea）战役中，马其顿的菲利普二世打败希腊大陆各个城邦国家，作为胜利标志，他建立起菲利普神庙（Philippeion，奥林匹亚神庙）。这是一个圆形的神庙，建在奥林匹亚城，

---

① 围攻特洛伊战争中名震天下的古希腊英雄。儿时曾被母亲放入冥河，除了被母亲抓住的脚跟之外，全身刀枪不入。后被特洛伊王子帕里斯（Paris）刺伤脚跟而死。——译者注
② 阿喀琉斯的朋友，在特洛伊战争中被赫克特杀害。他的死使阿喀琉斯在与阿伽门农争吵后回到战场。——译者注

紧挨着宙斯妻子赫拉的神庙，里面有菲利普本人和家人的雕像。

在罗马统治时期，奥林匹克运动会继续兴盛，不过偶尔会有某个国王改变一下规则。公元67年，尼禄（Nero）为了能让自己参赛，不仅重新规定会期，还尝试驾驶自己的十匹马战车彰显超凡的技能。不过事情并不如愿。为他作传的苏维托尼乌斯（Suetonius）这样写道："他从战车上摔下来，被人抬了回来。他无法继续比赛，在结束前就放弃了。即便如此，他还是赢得了获胜者的桂冠。"

后来，基督教终结了奥林匹克运动会。毕竟，奥林匹克运动会所纪念的是异教的神。公元391年，信奉基督的国王狄奥多西取缔了比赛。之后，奥林匹克运动会又艰难地维持了30年；到公元425年，则彻底消失了。

神话

古代所有关于奥林匹克运动会起源的叙述中都会涉及神话。有的人认为，宙斯是在奥林匹斯山打败了父亲克洛诺斯（Cronus），取得了对诸神和凡间的控制权。还有人认为，国王奥吉阿斯（Augeas）拒绝为赫拉克勒斯（Heracles）支付清理皇家马厩的费用，助他完成功绩（赫拉克勒斯有12个功绩），于是赫拉克勒斯才打败了他，为表庆祝而举办了首次奥林匹克运动会。

还有人不同意以上说法，认为奥林匹克运动会的创办者是来自福西亚（Phocaea，现代土耳其境内的福卡［Foca］）的爱奥尼亚王子珀罗普斯。珀罗普斯听说富有的希腊国王欧尼摩斯（Oenomaeus）要把女儿希波达米亚（Hippodamia）许配给在战车赛中打败他的人，便下定决心要赢得比赛。尽管拥有波塞冬（Poseidon）赐予的一队神奇的马车，他依然不敢掉以轻心。他买通战车技师米尔提洛斯（Myrtilus），让他偷偷地将欧尼摩斯所乘战车的关键零件卸掉，代之以石蜡制品。车轮越转越快，强大的摩擦力使石蜡零件慢慢融化掉，战车轰然坍塌，欧尼摩斯被拖行，痛苦地死去。然而，珀罗普斯并没有履行自己神圣的诺言（让希波达米亚陪米尔提洛斯睡觉），而是将米尔提洛斯推下悬崖。但是米尔提洛斯的冤魂不断纠缠珀罗普斯，而他要解脱的唯一方法便是举办葬礼竞技会——这便是首届奥运会的起源。

▼ 克罗顿（Croton）的摔跤选手麦洛（Milo）连续五次在奥林匹克运动会中获胜，他后来被狼群残忍咬死

奥林匹亚遗址（公元 2 世纪）

奥林匹亚满是获胜运动员的雕塑，但主要景观还是建有大理石顶的宙斯神庙。过了珀罗普斯的土冢，赫拉神庙最初的木头柱子逐渐被石柱取代，东北部的体育馆与神殿被一座高台隔开。

奥林匹亚圆形神庙
很精致的圆形建筑，为了纪念菲利普二世在战斗中的胜利而建。里面安放的不是诸神的雕塑，而是马其顿菲利普王室成员的雕塑。

珀罗普斯的坟冢
这里被白杨树环绕。八月满月时，牧师会在树下杀死一只黑山羊，让鲜血流进地里，好让英雄的灵魂畅饮。

赫拉神庙
这是一座公元前7世纪的庙宇，里面安放着古色古香的赫拉坐姿雕塑。她旁边站着宙斯，还放着伊菲托斯（Iphitus）的铁饼，上面刻着奥林匹克休战条款。

宙斯雕像群（Zanes statues）
这些雕塑处在一排庙宇的俯视之下，所花费用均来自参赛作弊者的罚款。刻有他们的名字象征耻辱的底座今天依然存在。

体育场
跑道是压实的地面，长180米（希腊人把这个长度叫作一个"斯塔德"）。观看者站在跑道三面的人造土堆上观看。

赛马场
赛马场长180米，赛道呈椭圆形，激动人心的赛马和战车赛在这里举行。赛场后来被阿尔甫斯河（Alpheus）的淤泥掩埋，直到2008年才被重新发现。

菲狄亚斯的作坊
菲狄亚斯的作坊内部严格复制宙斯神庙（除去加了窗户之外），宙斯雕塑的纯金和象牙打造的部分就在此完成。

宙斯神庙
外部装饰有神话场景雕画，里面放着宙斯坐姿的雕像。雕像高12米，脸部用纯金和象牙打造而成，是古代世界七大奇迹之一。

列奥尼达昂下榻处（Leonidaion）
下榻处有73平方米，由纳克索斯岛（Naxos）的列奥尼达昂在公元前330至公元前320年建成，是旅店的前身。中间是一个院子，有灌木丛和泉水，气味芬芳，流水潺潺。

议事厅（Bouleuterion）
这是一个建筑群，中间一座房子带柱廊，两侧是两座椭圆形的建筑，奥林匹克理事会就在这里召开，这里摆放的是令人望而生畏的宙斯雕像。

回音柱廊（Stoa of the Echoes）
柱廊长90米，最初于公元前4世纪。这里有着极其美妙的音响效果，从而成为吹鼓手竞技的绝佳场所。

上述三个创立神话在奥林匹亚流传甚广。主宰阿尔提斯（Altis，神庙区）的是宏伟的宙斯神庙，其香气缭绕的内室里摆放着一尊头戴橄榄王冠、端坐着的庄严神像——橄榄王冠是要为获胜的运动员佩戴的。这尊雕像由雅典雕塑家菲狄亚斯制作而成，高13米，面部以足金和象牙铸成，在希腊土地上仅此一处，是古代世界七大奇迹之一。它的美超凡脱俗，就连公元2世纪的斯多葛派哲学家埃皮克提图（Epictetus）都热情洋溢地称赞道："死前不能眼见，将是终生巨大遗憾。"后来，这尊雕像被贪婪的罗马人运到了君士坦丁堡（Constantinople），毁于公元462年的一场大火。但我们至今仍然可以感受到它巨大的影响力：拜占庭肖像画家以它为原型来勾勒

▲ 公元前416年，雅典花花公子型的政客亚西比德带着7支马车队参赛，震惊了整个会场

▲ 奥林匹亚圆形神庙为纪念菲利普二世打败希腊而建，里面安放着马其顿王室成员的雕塑

·39·

上帝的脸庞。

与此同时，在宙斯神庙北边、仅一箭之遥的地方是珀罗普斯土冢，整个赛事最为庄严的仪式就在这里举行。人们在这里用一只黑山羊祭奠这位逝去的英雄。而第一个进行祭献的是赫拉克勒斯，他这次普通的献祭为人称道。据传，他向宙斯·阿波慕欧斯（Apomuios），即被称为"驱赶苍蝇的"宙斯献上祭品，才使得奥林匹亚山没有了苍蝇之忧。

看比赛的人有足够的理由对此心生感激之情。比赛在8月的酷热中进行，天气条件极其恶劣。满月前后的5天里，数以万计住不起"里奥尼戴昂"（Leonidaion，公元前360年一位具有远见卓识的生意人兴建的）旅馆的人选择搭建帐篷，或者直接睡在神庙外面。缺乏饮用水源，卫生条件堪忧，即便如此，人们挤得"头破血流"才能争得这样的机会。对包括埃皮克提图在内的许多人而言，"那炙热的阳光，那肮脏不堪……刺耳的声音，喧嚣、推搡、拥挤，那么多的人，自顾自地做着自己的事"。然而，就连他也承认，"当想到比赛场景有多么壮观时，你就会觉得忍受这一切还是值得的"。

运动员

奥林匹克运动会是为纪念死去的英雄和伟大的宙斯神而举办的男子宗教性庆典活动，除了女祭司得墨忒耳（Demeter）之外，女子严禁参加比赛。不过，为了纪念女神赫拉，每隔四年会在奥林匹斯山举办一次相似的女子庆典活动。性别不是唯一的限制条件。被判罪的谋杀者只有先经过繁琐的涤罪仪式才可以进入。

所有的参赛选手都必须说流利的希腊语。从理论上说，任何自由人，不分社会地位高低，都可以参加。现实情况是，花花公子亚西比德只参加富人的专属项目——战车赛，拒绝参加其他任何比赛，因为他不愿与低阶层的人同台竞技。

另外一个分类涉及年龄。未成年男子的比赛

大事年表（按年份）

● **公元前 776 年**
第一届记录在案的奥林匹克运动会。唯一的比赛项目时是"斯塔德"短跑，获胜者是当地的一个面包师，即来自伊利斯的科勒布斯。

● **公元前 724 年**
第二个比赛项目"中距离赛跑（diaulos）"被引入，之后一系列的新比赛项目被引进来，包括五项全能、摔跤（公元前708年）、战车赛（公元前680年），以及马赛（公元前648年）。

● **公元前 720 年**
在之前的比赛中，迈加拉（Megara）的奥利斯普斯（Orisippus）曾获胜。他在奔跑时缠腰带掉了。从那以后，运动员开始全裸比赛，这样做可能是因为他们相信裸跑会让人跑得更快。

● **公元前 564 年**
费加里亚（Phigalia）的阿伊切翁（Arrhichion）赢了五项全能，尽管人已经因窒息而死亡：他的对手一个脚趾脱臼，恰好在他断气之前放弃了比赛。

● **公元前 458 年**
当地建筑师里班（Libon）修建的宙斯神庙竣工，费用来自与邻近的一个城邦的比赛获胜所得。神庙装饰有珀罗普斯、阿波罗和赫拉克勒斯的雕塑。

● **公元前 430 年**
雅典人菲狄亚斯（帕台农神殿的设计也是出自他手）完成了宙斯的坐姿雕塑。雕塑高13米，人物塑造时用到了黄金和象牙，伸出的一只手里握着胜利女神像（Winged Victory）。

● **公元前 416 年**
雅典人亚西比德借用奥林匹克运动会来满足自身的膨胀心理，他破纪录地率领7支马车队参赛，赛后宴请了所有观众。

·40·

为数不多：拳击、摔跤、"斯塔德"短跑，还有五项全能（仅在公元前628年举行过一次）。其他的比赛，运动员都必须是20岁以上的成人。在奥林匹克运动会开始前的一个月，所有的参赛选手都要在伊利斯（负责奥林匹克运动会庆典活动组织的城邦）集合。在这里，他们接受训练，并在紫衣人（Hellanodikai，古希腊人的裁判）的严格监督下进行训练和预热性竞技，并由紫衣人决定谁参加什么比赛。

决定年龄分组同样是在这个环节。由于没有证明材料，这个环节变得非常敏感。有时候，裁判的决定备受争议。公元前468年，埃伊纳岛的菲拉斯（Pherias）由于看起来太过年轻，而被禁止参加成年男子摔跤比赛。另一个来自罗兹岛（Rhodes）的选手尼卡斯洛斯（Nicasylos）尽管只有18岁，却因为长得太过成熟而被迫参加成年男子摔跤比赛。他最终赢得了这场比赛，并在其他地方的比赛中同样获胜，但由于摔跤太过野蛮，他20岁时就死了。

最让人感兴趣同时争议也最大的是接触性运动的参赛选手。最为有名的也许就是摔跤手麦洛（Milo），在20多年里，他连续5次在比赛中获胜。他力量过人，关于他这方面的故事很多。他的家乡在意大利南部克罗顿，曾经有一次，邻近的一个城市攻击该城，麦洛穿上狮子皮，挥舞着一根棍子，大步出城迎敌。入侵的敌方认为他是赫拉克勒斯附身，纷纷奔逃而去。就连他的死也非同寻常。旅行作家鲍桑尼亚（Pausanias）曾这样记载道："在克罗顿的某个地方，他遇到一棵枯树，已经被劈开，中间嵌着楔子。麦洛想把双手塞进枯树中，不料想楔子滑落，他被牢牢夹住。后来狼群发现了他。在克罗顿领域内，这种凶猛的野兽尤其多见。"

坏掉奥林匹克运动会名声的是一位拳击手。之前，所有的参赛者都要聚集在奥林匹克议事大楼里，对着一头公猪发誓不作弊。然而，在公元前388年，塞萨利（Thessaly）的伊乌波罗斯（Eupolus）贿赂三个对手的事被曝光。"紫衣

● 公元前 388 年
罗兹岛人皮索多罗斯（Pisodorus）赢得男子未成年组搏击比赛，人们发现他的教练是一位女性——他的母亲。他的母亲差一点受到惩罚，即被判处死刑。

● 公元前 164 年
罗兹岛人列奥尼达（Leonidas）在斯塔德短跑比赛、中距离跑和重装步兵赛跑（Hoplitodromos）中获胜，成了一个壮举，在之后的两届奥林匹克运动会中他获得了同样的成绩，共获胜 9 次。他的纪录在 2016 被迈克尔·菲尔普斯打破。

● 公元 67 年
尼禄在参加战车赛时摔了下来，最终没有完成比赛，但他依然是获胜者，于是他在赛马场附近修建了一座宫殿和凯旋门。

● 公元 462 年
公元 390 年，宙斯的雕像被搬运至君士坦丁堡的一座贵族宅邸中，后被大火烧毁。但是这尊雕塑激发了拜占庭艺术家们的灵感，构思出了上帝的脸庞。

● 公元前 356 年
马其顿菲利普二世在战车赛中获胜，同一天，他的儿子亚历山大大帝出生。后来的奥林匹斯圆形神庙是为了纪念他战胜希腊而建。

● 公元 40 年
卡里古拉（Caligula）试图把宙斯雕塑搬运到罗马，但是劳工因听见雕塑里传出怪异的呻吟声，拒绝继续运送。

● 公元 391 年
基督教此时成了罗马帝国的国教，君王狄奥多西禁止所有的非宗教祭祀活动。

● 公元 1896 年
皮埃尔·德·顾拜旦从古代奥林匹克运动会，英国公学以及什罗普郡（Shropshire）的马奇温洛克（Much Wenlock）运动会中获得灵感，在雅典组织了第一次现代奥运会。希腊人斯皮罗斯（Spyros）赢得了马拉松比赛。

斯（antimachus）赢得斯塔德短跑比赛"，以此类推，中间的年份相应地编为"某届奥林匹克运动会第二年，第三年，第四年"。他的纪年方法被人们接受。从此，古希腊人开始以"第几届奥林匹克运动会第几年，某某赢得斯塔德短跑比赛"来记载历史时代，而某某所在的城市也被古希腊世界的人们永远记住了。

比赛项目

斯塔德短跑比赛是最早的竞技项目，公元前724年引入中距离赛跑之后，其他比赛项目也很快加入进来。比赛项目主要分为三类，第一类是赛跑：斯塔德短距离跑、中距离赛跑和长跑比赛（4.5千米）以及着盔甲的斯塔德赛跑。第二类考验人的体能：拳击、摔跤、古希腊式搏斗（野蛮的吵吵嚷嚷和赤膊格斗并用，是一种可致命的比赛），以及投标枪和掷铁饼。第三类是骑马比赛：赛马、两匹马战车赛、四匹马战车赛和十匹马战车赛，此外还有骡拉车比赛。

此外，五项全能运动把力量与速度结合了起来。有些比赛项目——如斯塔德短跑比赛——引入后，就一直存在于奥林匹克运动会。而有些项目，如骡拉车比赛，则很快被淘汰。

与其他国际性的比赛（如为祭祀宙斯在德尔菲举办的皮提亚赛会［Pythian Games］，或在雅典举办的泛雅典娜节［Panathenaic Festival］）不同，奥林匹克运动会没有正式的文化或艺术内容。但是它有两种不同寻常的比赛与运动技能毫不相干，即吹鼓手和传令官比赛。这两种比赛于公元前396年引入，后来比赛地点设在体育场后面的柱廊里，自此开始大受欢迎。柱廊在宙斯神庙东侧80多米处，就是所谓的"回音柱廊"，声音在这里可以回响不止7次。

大家看得出来，还没有提到的一个比赛项

▲ 图中赛车手身着标志性的如水长袍，正在鞭打拉战车的四匹马

人"对这四个人进行处罚，并用罚款在通往运动场的路上打造了四座宙斯雕塑，上面记有违规各方的名字以及他们的不齿行径。这就是所谓的"雕像群"。

斯塔德短跑比赛的获胜者所得到的纪念，更是令人羡慕不已。每年，各个城市都会以最高执政官来命名自己的城市，对试图编撰更多地方年表的人来说，这种命名方法非常容易引起混乱。公元前5世纪后半期，伊利斯的哲学家希庇亚斯（Hippias）创制了一种通用的纪年方法，解决了这个问题。他把公元前776年命名为"第一届奥林匹克运动会起始年，伊利斯的科勒布斯赢得斯塔德短跑比赛"，公元前772年为"第二届奥林匹克运动会起始年，伊利斯的安提玛科

▲ 图中表现的是最早期奥林匹克运动会的比赛项目

目是马拉松。设立这个比赛的灵感来自古希腊的一次奔跑壮举。公元前490年，传令兵菲迪皮德斯为传递希腊打败波斯的消息，飞奔着从马拉松跑回雅典。这段距离约46千米。马拉松比赛在1896年的现代奥运会上首次设立，举行地点不在奥林匹斯山，而在希腊的新首都雅典。马拉松比赛标志着现代非宗教性的奥林匹克运动会从此开始。这种非宗教性的运动会在很大程度上是不被希腊古代祖先所接受的，尤其是它所提倡的精神要义。古代运动会努力拼搏是为了"永远卓越"，而现在，新的创始人男爵皮埃尔·德·顾拜旦则宣称："生命中重要的不是凯旋，而是参与；至关重要的不是获胜，而是奋力拼搏。"

建筑艺术

古希腊人不仅建造了几座世界上最具标志性的建筑，还激励着未来一代又一代的人们在建造上继续探索。

两千多年前，在古希腊文明全盛期之后，希腊风格和受希腊风格影响的建筑具有极其鲜明的风格。很多建筑都具有标志性。想象一下，映衬在蓝天之下的雅典卫城里的建筑遗迹，这可是最为著名的希腊现代城市景观之一。从文艺复兴时期起，西方世界里的很多公共建筑都直接受到古希腊建筑风格的影响，其中最为著名的有伦敦大英博物馆前脸，柏林的勃兰登堡门（Brandenburg Gate），美国华盛顿特区的美国国会大厦。标志性的柱子和山墙，配以绝佳的比例和完美的对称，无论在什么地方，都非常独特而又吸引人眼球。这些都是古地中海及其文明的象征。

古希腊的遗产不仅仅是这些肉眼可见的；古希腊的建筑原则——尤其是公共建筑方面的，可以说是罗马以及之后西方世界的建筑理论与实践基础。除此以外，古希腊人还建造了很多类型的建筑，如体育场和剧场。就连看起来不太"古典"的建筑也会遵循古希腊人确立的比例原则。

古希腊风格在公共建筑中很常见，这绝非偶然。古希腊世界（约从公元前500年到公元前4世纪晚期的亚历山大大帝时期）很少有大厦或宫殿。贵族与非常富有的阶层住的地方并不奢华（奢华是后来的事情）。我们意识中典型的古希腊建筑风格在神庙和公共建筑中可以看到。这些建筑都是对神和城市的赞歌，延伸一下，也是给赞助者和修建者的赞歌。

公共建筑是那个时代的特色。在古代，按当时的标准，希腊乡村可谓人口众多，却没有什么有名的建筑。充其量，也只有零星、孤立的乡村神庙。大量"举足轻重"或"典型"的建筑都在城市中心。

> 在最初的古希腊建筑以及以后的模仿作品中有一样东西没有留存下来，即建筑的色彩。

▲ 图为女像柱廊复制品。原件位于雅典卫城的厄瑞克修姆庙(Erechtheum)南端

古希腊的世界奇迹

从俊秀的雕塑到庄严的庙宇，这些建筑令人心生敬畏。

奥林匹斯山宙斯神庙
这尊宙斯雕塑高 12 米，出自菲狄亚斯之手。宙斯的皮肤用象牙制成，长袍用黄金打造而成。然而，随着基督教的到来，这座神庙开始被人们遗忘。雕塑曾遭遇地震而保留下来，但最终没了踪影，有可能被大火烧毁了。

以弗所（Ephesus）的阿尔忒弥斯神庙
这座神庙的修建耗时 120 多年，在今日土耳其境内，于公元前 550 年完工。公元前 356 年，赫洛斯塔图斯（Herostratus）认为毁了神庙就可以名扬四海，于是将它付之一炬。神庙曾两次重新修建，但在公元 401 年被彻底毁掉。

哈利卡尔那索斯（Halicarnasus）的摩索拉斯陵墓
波斯总督摩索拉斯（Mausolus）的坟墓在哈利卡尔那索斯，这里是希罗多德的诞生地。哈利卡尔那索斯位于波斯占领的小亚细亚境内，即今日土耳其的博德鲁姆市（Bodrum）。公元前 353 年摩索拉斯去世，之后，他的妻子为他守墓，死后与他葬在了一起。

罗兹岛的巨像
公元前 292 年至公元前 280 年，为了庆祝打败入侵者的胜利，罗兹岛为保护神，即太阳神赫利俄斯（Helios）打造了一尊 33 米高的雕塑。人们把败军的铜、铁武器熔化掉，用在雕塑的打造上。

亚历山大港灯塔
灯塔高约 140 米，修建在法洛斯岛上，也被称为"法洛斯灯塔（Pharos）"。塔上的镜子白天反射阳光，晚上反射火光。该塔于公元前 280 年左右由托勒密一世（Ptolemy I Soter）建造，几次地震后被毁掉，到 1480 年彻底消失。

实际上，随着时间的推移，城市中心变得越来越拥挤，甚至混乱起来，尤其是在较为繁华的城市。于是早期的城市规划被提上日程，有人提出在长方形的格状结构中进行布局，而有的人则认为这种规划根本不是希腊风格。哲学家亚里士多德甚至认为，城市中心扩展、街道杂乱无章是对入侵者的很好的防御，因为这样会让他们找不到路。希腊战事频仍，尤其是城市相互之间征战不断，城市规划不是个小问题。直到希腊化时代，即在亚历山大大帝完成征服之后，城市规划才盛行起来。

早期所有尊享声望的建筑都是神庙，这种盛名贯穿整个希腊早期和古典时期。最初，神庙主要是用木头、碎石和黏土建成。后来，希腊人向埃及人学了一个窍门（毋宁说是很多个窍门），开始使用打磨好的石头。这对希腊建筑具有革命性的意义，后世的建筑典范由此出现。

强调宗教含义是古希腊公共建筑的一个典型特点。古希腊人的神庙不是教堂，不是人们做礼拜的地方，而是神的寓所。庙里面会有所敬奉神的雕像，供奉给神的祭品（这些都是非常奢华的财宝，有的时候甚至成了一座城市的财政储备）以及几个相对简单的内室。神坛在神庙外面。设

按专业的说法，"柱式"指的是柱子为了支撑楣构——即建筑的上层部分而排列组合的方式。

> 古希腊人的神庙不是教堂，不是做礼拜的地方。神庙实际上是神的寓所。

计神庙的初衷是供人从外部观瞻，而不是为了实际使用。

这就是为什么我们可以用很多词来形容古希腊的建筑，如优雅、庄严、辉煌，却认为它们不舒服或不适合居住。建筑高耸，激发敬畏感，供人凝视与赞美。凡俗建筑也概莫如是。这种趋势一直持续到希腊化时期，建筑家们才开始真正关注内部建设。

传统上，古希腊建筑风格分为三种"柱式"：多里安柱式（Doric）、爱奥尼亚柱式（Ionic）以及科林斯柱式（Corinthian）。多里安柱式于公元前7世纪时在希腊大陆南部的伯罗

▲ 特尔斐遗址的圆形建筑位于雅典娜神庙，在著名的神谕处附近。注意其圆形结构

▲ 阿波罗神庙位于科在柯林斯，大约建于公园前540年，是希腊现存较为古老的建筑遗迹之一

奔尼撒发展起来。爱奥尼亚柱式随后于公元前6世纪在爱琴海东部初露端倪。科林斯柱式基本上是爱奥尼亚柱式后来的一个分支，直到罗马时期才兴盛起来。

多里安式是最早、最为流行的柱式风格，在希腊大陆和西部殖民地尤为盛行。这是一种过渡风格，仿照老式木头建筑，用石头进行重建。爱奥尼亚柱式则用料较轻，建造过程复杂，装饰较多。科林斯柱式则是这种潮流的进一步发展。

古代建筑最为显著的一个特点是其在整个希腊世界的一致性，同种风格遍布希腊大陆和岛屿、小亚细亚、西西里岛、意大利大陆以及西班牙。希腊的殖民地西西里岛的市民如果从锡拉库扎出发行至科林斯和伯罗奔尼撒半岛，会发现公共建筑都是同样的风格。由于雕饰和雕带是公共建筑不可分割的部分，主要的建筑师和雕刻家（他们在建筑中关系密切）可以在所有的城市建筑间自由穿梭。这些伟大建筑在细节上会有很大不同，各具特色，但是它们基本的风格是一致的。到了希腊化时期，建筑的重点和目的从服务社区转移到服务个人上，这种情况才有所改变。

历史和文化语境在建筑的发展中明显地起着重要作用。古典时期是最为突出的公共建筑盛行时期，大型建筑都建在市场上，主要是神庙和市政用房。此外还有大型剧场和运动场。雅典强大、富裕、民主，最能说明这种情况的非它莫属。在雅典，建筑也许依然受到个别统治者或专制者的宠爱，但是就大多数情况来说，这些建筑

直到公元前6世纪，非宗教意义的公共建筑才开始在希腊出现。

多里安柱式比较简单，没有底座，这一点与爱奥尼亚柱式和科林斯柱式都不相同。

是为公众修建的。

在被亚历山大征服之后，希腊世界君主制的重新建立以及与东方的密切接触，使这种情况有了改变，强调建筑对象的重点从公众转移到个人身上。建筑类型和风格更趋多样性。不过，毫无疑问，所有的建筑都是"希腊风格"。

最明显受到影响的是罗马。罗马人向希腊人学习了建筑原则，并加以扩展。他们具有高超的施工技能（这或许体现了他们的自信），采用拱门、拱顶和圆顶结构，而这些都是希腊人多数时候回避使用的。另外罗马人还把各种可能性进行拓展。他们把更多精力转向私家建筑、别墅、宫殿以及豪华的居所。罗马帝国幅员辽阔，这种建筑风格（说到底是希腊的遗产）随之传至全国各地，甚至更远的地方。

当然，这种影响不仅仅在于外形。古希腊建筑原则是后来西方建筑理论和实践的基础，尤其是在公共建筑方面。无论什么时候，只要我们坐在一个体育场或剧场内，就会发现我们所置身于其中的一切最初都是古希腊人发明的。

修缮一新的雅典卫城

最初的雅典卫城于公元前480年被波斯人毁掉。重建于5世纪后半期，表明了市民的自豪。卫城是公众场所，由雅典人修建，目的是服务于雅典公众。而之前，这种规模宏大的工程的兴建是国王或皇帝的专属权利。

卫城之上祭祀女神雅典娜的帕提侬神庙规模宏大、前所未有，完全用大理石（总共用了2200吨）建成。这样的规模使神庙有了很多新的特点。

新卫城最显著的特点之一是融合了多里安和爱奥尼亚两种柱式。帕提侬神庙则基本上是多里安柱式，不过带了一个爱奥尼亚式的雕带。而敬奉多位神的厄瑞克修姆庙采用的是多里安柱式。雅典卫城山门的柱子则采用了两种柱式。

人们通常认为，卫城和这三个主要建筑，无论是从单个还是从总体上来说，都是古代建筑传统的巅峰和最精彩的部分。它们巧妙地融合了传统和创新，赋予每一个细节高度关注，整体看起来平衡有致、严丝合缝。

雅典卫城集整个帝国之财富、波斯战争中汇集起来的自信建成，大胆彰显了雅典的民主制度。

▼ 雅典卫城建在雅典城之上。原城涂有油漆，可能用了红、蓝、金色三种色调

古希腊神庙

多种用途的建筑奇迹的内景。

神庙起着宇宙发生器的作用，在人们心目中是为诸神设计的住处，同时还被看作是接受祈祷、进行请愿和占卜的神圣之地。神庙是古代建筑成就，作为一种政治象征，彰显着国家的权势与力量。神庙现在成了古希腊最为著名的象征符号，还有着实际的功用：里面有重要的官方办公室，还充当着储存中心和国库的角色。

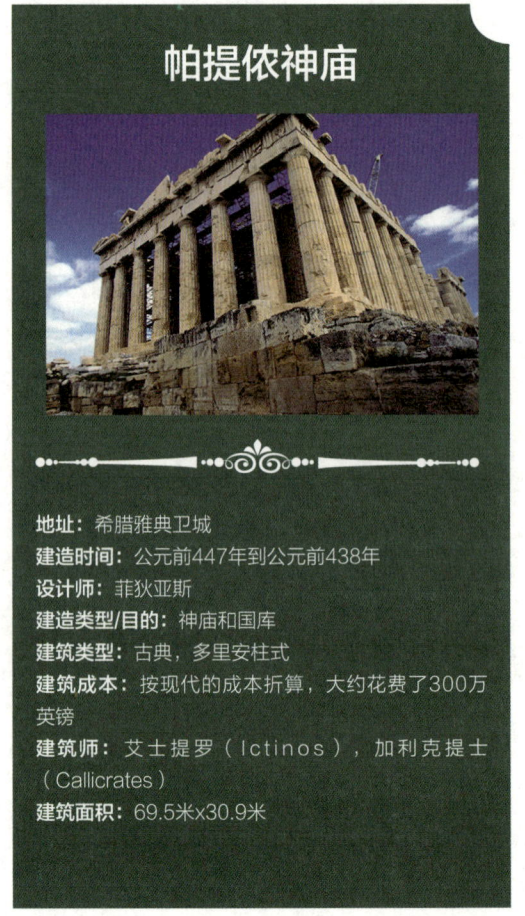

帕提侬神庙

地址： 希腊雅典卫城
建造时间： 公元前447年到公元前438年
设计师： 菲狄亚斯
建造类型/目的： 神庙和国库
建筑类型： 古典，多里安柱式
建筑成本： 按现代的成本折算，大约花费了300万英镑
建筑师： 艾士提罗（Ictinos），加利克提士（Callicrates）
建筑面积： 69.5米x30.9米

▲ 多里安柱式的塞杰斯塔（Sagesta）神庙

建造神庙

神庙不仅被看作用大理石、木头和石头建成的大型建筑物，还因为按天文学原则建成而被看作是神奇的所在。基于这种想法，早期的建造从奠基仪式起，打造出一个被称为无柱底基的地基。地基通常由好几层石头砌块垒成，头部露出地面。

建筑工人使用很简单的铜制工具。进一步打造地基，即建设梯形基座的时候还会用到木头、凿子和绳子。梯形基座是柱子和墙壁的地基。柱石用带凹槽的石柱支撑上横梁。上横梁包括楣梁以及挑檐下方的雕带。神庙修建可能花费不止十年的时间，建筑占地面积通常为115米×55米，带凹槽的柱子高度从15米到20米不等。建成之后，神庙由工匠进行装饰。

古希腊神庙建筑的基本柱式

多里安柱式

柱子短而笨重，柱顶平平，而且没有底座，高度是直径的4到8倍。柱身装饰有20道凹槽，底部建在无柱基座（或建筑基座）上。

爱奥尼亚柱式

柱子修长、优雅，建在巨大的底座之上，有着额外的支撑力，这与多里安柱式很不同。这种柱子有着巨大涡卷装饰，很易辨识。柱身有24道凹槽。

科林斯柱式

柱子是装饰性的，非常精美，常常比上面介绍的多里安柱式和爱奥尼亚柱式更吸引人。柱子高而纤细，柱身有24道凹槽，柱顶极尽美妙，装饰有涡卷和莨苕叶子。

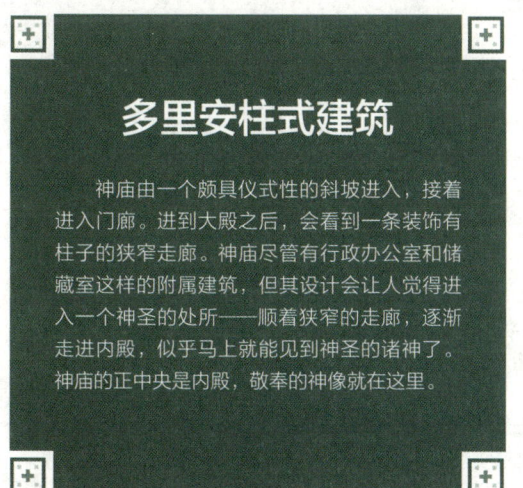

多里安柱式建筑

神庙由一个颇具仪式性的斜坡进入，接着进入门廊。进到大殿之后，会看到一条装饰有柱子的狭窄走廊。神庙尽管有行政办公室和储藏室这样的附属建筑，但其设计会让人觉得进入一个神圣的处所——顺着狭窄的走廊，逐渐走进内殿，似乎马上就能见到神圣的诸神了。神庙的正中央是内殿，敬奉的神像就在这里。

柱间壁和三槽多里安式板块（triglyphs）
柱间壁由雕刻图案的石头组成，是一个个独立的区域，上面雕刻着战争人物。三槽多里安式板块有可能是原始住屋木头横梁的替代品。

柱间凹槽
每一根柱子上的凹槽数量随着建筑风格不同而有所变化。

柱子
柱子因其美丽的建筑外观而受重视，还被看作天空之柱。

无柱底基或建筑底基
底基修建在神庙根基中。多里安柱式的柱子则直接建在无柱底基上。

斜坡
一个具有仪式感的堤道，引领着人们从凡俗泥地进入神圣殿堂。

门廊
门廊通往入口，经由这里人们可以走进神圣的内殿，看到神像雕塑。

古希腊人和他们的宗教

古希腊的宗教与古希腊人很相像：
多样，矛盾，无穷无尽的创造性。

在形式上，古希腊宗教并没有一整套供所有人遵循或接纳的信仰或宗教活动。古希腊人有神话故事，其中有很多全国各地都认可，但是他们并没有建立起严格的信仰体系。例如，古希腊人没有一本像《圣经》这样的神圣读本作为宗教的核心。而且在古希腊，神话在各地区常常有不同版本，各地都有自己的关于神与英雄的故事。

有时候这些故事相互之间冲突很大。有的神职权明显重叠，根本无法调解。古希腊神话经历了多个世纪的发展，是历史上最具创造性和革新能力的口述故事的结晶。神话解释了神的起源、古希腊人生活于其中的世界的本质以及他们所秉信的历史。古希腊神话有时或许会缺乏一致性，但认为古希腊人会因此而受到困扰则纯属现代人的臆断。而且，和现代不同，古希腊人对宗教领域和非宗教领域缺乏严格的区分，概念并不明确。对他们来说，两者是毫无隔阂的一个整体，为数众多的诸神定期接受来自国家和个人的祭拜和贡品。

跟我们所理解的不一样，古希腊人并没有专门的词表示"宗教"。宗教是他们日常生活的一部分。重大公众事件和个人大事都要举行仪式，有重大事情之前照例要聆听神谕。要想求得幸运的人生，常常需要向助人成功的神虔诚祈求，并用发誓以及其他公众所认可的形式表达谢意。

古希腊主要有12位神，男女都有。他们就是奥林匹斯诸神。之所以这样命名是因为他们居住在奥林匹斯山顶部。宙斯是主神，掌管着其他所有神。他的妻子赫拉（同时也是他的姐姐）是王后。此外还有爱神阿弗洛狄忒、聪明的阿波罗和他的姐姐——处女神兼狩猎

> 人们认为，一家人如果埋葬的地方很近，那么死后就可以找到彼此。

▲ 图为亚历山大在向阿波罗的祭司求神谕（路易斯·让·弗朗索瓦·拉葛内 [Louis Jean Francois Lagrenee] 绘）

▲ 特尔斐城是阿波罗祭司的家乡

女神阿尔忒弥斯。生长女神德墨忒尔也在这里。智慧女神以及英雄保护神雅典娜也在这里。火神赫菲斯托斯（Hephaestus）也属于奥林匹斯诸神。他是个瘸子，却是诸神中无可匹敌的工匠。赫耳墨斯（Hermes）是宙斯快步如飞的信使。残忍的阿瑞斯（Ares）是战争之神，而波塞冬是海洋和海洋生物之神。奥林匹斯万神殿的最后一位是狄奥尼索斯（Dionysus），他是酒神和狂欢之神。

除了强大的奥林匹斯诸神以外，古希腊人还有其他数百个不太重要的神。拥有这么多的神意味着，他们在遇到非希腊的神时保持相对开放的心态。他们会立刻把异域的神确定为或等同为自己万神殿里的相似的神。他们没有理由否定别人敬奉自己的神。这种易于接纳外族神的态度并不意味着古希腊人对待宗教不够严肃。城邦之间订立条约时很庄严，要对神发誓，还要献祭。背弃条约可能会招致巨大的灾难。

古希腊的神有自己的男女祭司。这些人监督敬奉诸神的各种仪式，负责照看诸神神庙、神龛和神殿。他们自身不参与求愿者的祈求。几乎没有形式上的教义供这些祭司知晓或遵循。古希腊人祭祀有以下几个共同之处。

祈祷

祈祷是人们与神沟通的常用方式，最主要的部分是祈求神明，祈祷者会呼唤神明，报上名字、头衔以及住处，还有祈求的依据。缘由——祈求者会向神解释自己为什么需要帮助，可能还会详细叙述一下自己做过的好事，提示或暗示神自己在众人眼里是应被施以援手的。祈祷本身，其实是向神明祈求帮助。人们祈求帮助的事情很多，比如治愈疾病、终止旱灾等。

> 古希腊主要有12位神，男女都有。他们就是奥林匹斯诸神。

净化

对古希腊人来说，通过清洁使社区免受污染（或瘴气）之害极其重要。个人可以通过洗漱清洁自身。通常净化在某些重大事情之前进行，或者按日历要求进行。雅典议会在开始前要进行惯常的净化，抱一头小猪绕所有人转一圈，然后拿来祭祀。有时候社区为了把人类的替罪羊驱赶出去，会进行大规模的净化。

例行的净化可以通过清洗或洒水进行。也可以使用烟熏法，同时配以海水或从圣泉里取的水。祭祀也要满足净化需要，牲畜血被用来清洗不干净的人身上的污物。

祭品

在古希腊人的祭献中，祭品非常重要。动物和蔬菜均被视为祭祀神的合适祭品。祭祀用的动物要列队带往神坛淋水。喷洒的水滴会让这些动物不断点头，在古希腊人看来，这意味着动物愿意当祭品。然后剪动物的毛，同时进行祈祷，申明献祭者拿祭品想要换取的东西。动物会被割喉，迅速杀死，肉被分成很多份。第一份献给神。第二份是内脏，烧烤后分给参与祭献的人吃。剩下的肉煮熟后分发给参与仪式的人们。

庆典活动

庆典活动是古希腊公共宗教活动的重要部分。在古希腊，各个社区每年要举行的公共宗教庆典活动有几百次，一年中大约每三天就要举行一次。城市不同，具体的活动方式和主要敬奉的神也不同，但宗教是核心因素，从而把希腊人和非希腊人区别开来。

庆典活动的基本构成有欢庆队伍、祭品和宴

古代奥林匹克运动会

是古希腊所有城邦国家都要参加的一次盛会，是为祭祀宙斯而在奥林匹亚举办的运动会。奥林匹克运动会第一次有记载的比赛于公元前776年举行，此后每隔4年举行一次，只有希腊人可以参加。运动会最初只有一个比赛项目，即竞走。随着时间的推移，其他的项目也被加入进来。

奥林匹克运动会是运动比赛，但是其宗教本质一直存在。运动会开始时要祭拜宙斯，要向他祈祷。接下来，所有的参赛者都要在宙斯圣坛和雕像前宣誓。背弃誓言会招致极重的罚款，也有可能会被取消参赛资格。之后还有两次更进一步的祭献，一次在满月当日进行，一次在运动会最后一天举行。

▼ 只有希腊人能参加奥林匹亚的运动会

会。除此之外，各地实际做法有很大不同。多数庆典活动起源于确保丰收的农耕仪式，通常具有季节性，如感恩节是为了纪念德墨忒尔，通常在秋季举行。

另一个重要的庆典活动是酒神节，每年都在雅典举行。雅典人尤其喜欢过节，据说其所拥有的节日是希腊其他城市的两倍。戏剧是酒神节的重要节目，有四天专门用来演戏，三天演悲剧，第四天也就是最后一天专属于喜剧。

祭司

可以想象,在古代,疾病与死亡无时无刻不在,于是希腊人对未来常常很关切。这种寻求安心的合理期望驱使着很多人向诸神征求建议。而神的建议通过他们的祭司进行转达。为凡俗之人预测未来的祭司有10位。其中最重要的是特尔斐的祭司。阿波罗的女祭司皮提亚(Pythia)在这里代表阿波罗转达预言。用阿波罗自己的话来说,建造神庙的目的是让他可以"通过预示性的回应,屡试不爽地给出建议。"另一个著名的神谕处是在伊庇鲁斯的多多纳(Dodona)发现

跨越阴阳之界

古希腊人认为,死去的人在跨越现世与冥界(死去的人所待的阴森森的地方)之间的界限时需要帮助。他们的后人应该尽快把死者埋掉,未埋的死者可能会被定罪,会在斯迪克斯河(Styx,即冥河)河岸漫游很多年。冥河是死者和冥界之间的界限。

对活着的人来说,给死去的人收尸并按规矩埋葬是极其重要的事情。公元前405年,10名海军将军在阿吉纽西(Arginusae)海战中获得巨大胜利,但由于暴雨突至,他们没有来得及为死去的海员收尸。回到雅典之后,这些人虽然在战斗中获胜了,却因玩忽职守而受到审判。其中几个还被处以死刑。

在死后的几天内,尸体要移至埋葬地尽快安葬。埋葬和火葬都可以。火葬更受人尊敬。死者的骨灰被收进灵龛中,然后把灵龛埋掉。雅典人的多数葬礼在城外的大路上进行。葬礼不允许在城内举行,是为了避免造成污染。葬礼过后,人们不会就此遗忘坟墓,死者的亲属——尤其是女性,会经常前来照看。

▼ 凯拉米克斯(Kerameikos)是古代雅典重要的埋葬地

特尔斐神庙
阿波罗的祭司一直在转达神的意图，直到公元前267年神龛被入侵的荷鲁力①（Heruli）毁掉。

① 罗马军队的步兵团，共500名士兵，在公元4—5世纪非常活跃。

斯（Aristonice）这样告诉雅典人："只有木头墙不会倒塌。"这个神谕令人困惑不解，可以有很多种解释。但是雅典的首领地米斯托克利（Themistocles）把这句话巧妙地解读为：轮船用木头打造而成，雅典人应该依赖海军阻击波斯人。在之后不久的萨拉米斯海战（Salamis）中，雅典人率领联合起来的希腊舰队取得了重大的海战胜利。

的宙斯神庙。向神提出的问题通常与个人紧密相关，如何祈求者是否应该结婚或在海上航行。回应通常是简单的"是"或"不是"。

有时候回应可能会复杂些，而且会说出主要的结果。公元前480年，就在强大的波斯人第二次入侵希腊之前，雅典人曾向特尔斐祭司祈求建议。雅典人知道自身处境危急，有的甚至想着收拾东西去意大利躲避一下。历史学家希罗多德告诉我们，当时的女祭司阿里斯托尼

▲ 古希腊人关于诸神想象的主要来源之一是《伊利亚德》。这是荷马创作的关于特洛伊战争的史诗

▲ 帕提侬神庙是雅典最辉煌的供奉雅典娜的神庙

▲ 图为特尔斐神庙里的阿波罗女祭司。米开朗基罗绘

神话与传说

在历史发展长河中,引人入胜的故事和基本的启示在古希腊人中代代相传,让我们踏上探索之路吧。

62　古希腊神族谱
68　古希腊神的起源
81　奥林匹斯山:诸神的家园
86　奥林匹斯山十二诸神
90　死亡与冥府
100　死亡之神
104　古希腊传说
114　古希腊神话的教训
128　古希腊神话和传说中的怪兽
148　祭司不为人知的故事
158　特洛伊战争背后的真相

古希腊神族谱

这个神族立足于奥林匹斯山，统治着古希腊人。
让我们来见识一下这个关系异常的大家庭吧。

塔耳塔洛斯（Tartarus）

堤丰（Typhon）

盖亚（Gaia）

盖亚是大地的化身，是所有造物和天神之母。她被描绘成富有反抗精神的形象：她向宙斯开战，还联合泰坦神族（Titan）与儿子克洛诺斯对抗乌拉诺斯（Uranus）。

乌拉诺斯

乌拉诺斯是天空的化身，既是盖亚的儿子又是丈夫。通过这种联姻，泰坦神族建立起来。乌拉诺斯鄙视子女们，把他们塞回盖亚身体里。愤怒中，儿子克洛诺斯把他阉割掉。从他身上流出的血液中，诞生出巨人厄里倪厄斯（Erinnyes）和米利亚斯（Meliads）。

蓬托斯（Pontus）

乌瑞亚（Ourea）

莫罗斯

纳米西斯

菲罗忒斯

俄尼里伊

莫摩斯

桑纳托斯

桑纳托斯被看作死亡的化身。人们认为，他会在人弥留之际现身，把人带到冥界。他是睡神许普诺斯（Hypnos）的孪生兄弟，因此很多人认为死亡只不过是一种入睡状态，借以让人从人间进入冥界。

卡俄斯

在古希腊语中,卡俄斯的字面意是裂口、虚无或深渊。卡俄斯是空无一物的空间,从中诞生出第一批物体。在有的文本中,卡俄斯被称为"黑暗的子宫"。因此,第一代神被看作是卡俄斯的子女。

- - - - - 情人/配偶关系
———— 父母/子女关系

厄洛斯

厄瑞玻斯

埃忒耳

尼克斯

被称为黑夜女神,常常被描述成笼罩大地的黑暗面纱,遮蔽住来自天堂的亮光。通常认为,在所有神中,她排在卡俄斯之后的第一位。她白天居住在冥府的黑暗中,然后与厄瑞玻斯(Erebus)手拉手出来,把黑夜带到人间。

赫墨拉

赫墨拉是厄瑞玻斯和尼克斯(Nyx)的女儿。她是父母的对立面——白昼之神。赫墨拉与兄弟亮神埃忒耳(Aether)一道,把光明和白昼带到了人间。

许普诺斯

阿帕忒

格拉斯

厄里斯

俄兹斯

摩伊拉

摩伊拉常常被称为命运三女神,通常被描述成三个穿白衣长袍的女人——克洛索(Clotho,命运编织者),拉刻西斯(Lachesis,生命长短分配者),阿特罗波斯(Atropos,斩断命运者)。摩伊拉三神控制着凡人的生命之线,甚至连神也要听命于她们。她们代表着所有凡人不可逃脱的命运。

```
                  盖亚
                   │
                 乌拉诺斯
   ┌──────┬──────┼──────┬──────┐
厄里倪厄斯  巨人族   墨利亚  阿弗洛狄忒
```

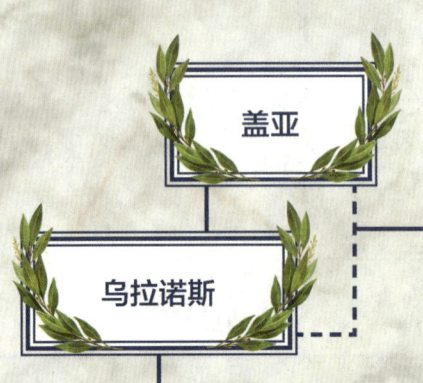

巨人族

巨人族是宗族，从乌拉诺斯溅出的血液中诞生。抛开现代人的观念，这些巨人其实并不高大，不过很有攻击性，非常强壮。之后，为了争夺宇宙的控制权，曾发生一场战斗，被称为巨人对天神的斗争。

阿弗洛狄忒

阿弗洛狄忒是人们眼中的爱神。乌拉诺斯被割掉的生殖器被抛进海里之后，在帕福斯（Paphos）海域的泡沫中阿弗洛狄忒诞生了。这位女神有很多情人，据说她美颜绝伦，差点在诸神之间引发战争。

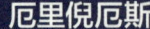

俄亥阿诺斯

俄亥阿诺斯在人们眼中是洋流的化身。这股洋流汹涌如河，绕地球一周，被看作生命之父。俄亥阿诺斯和同族泰坦诸神不同，他从与奥林匹斯诸神的战争中退出，被认为是逃犯。他的孩子是河流诸神以及山林水泽的女神。

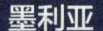

```
      特提斯         科俄斯 ── 福柏
        │             │
     波利昂诺     伊阿佩托斯  勒托
        │             │
       迈亚         阿特拉斯
```

阿特拉斯

阿特拉斯是伊阿佩托斯的儿子，是一位泰坦神，在与奥林匹斯诸神的战争中，他与泰坦家族并肩战斗。他因此而受到惩罚，被迫永世用肩膀扛着天穹。他后来曾欺骗半神赫拉克勒斯，试图让自己免受扛天之苦，他是赫拉克勒斯完成12功绩（Labours of Hercules）中的主要人物。

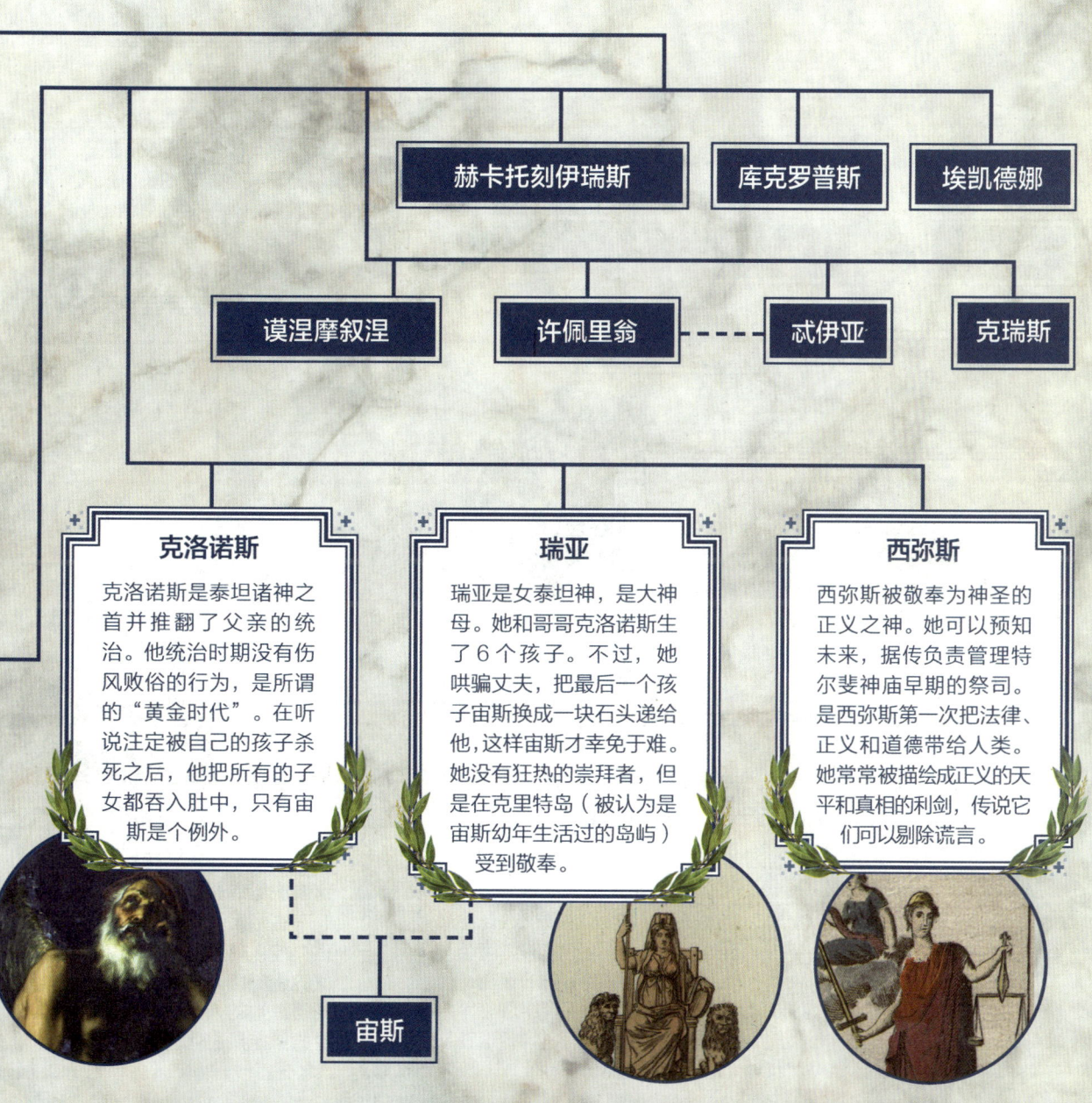

| 塞默勒 | 迈亚 | 勒托 |

宙斯

宙斯是天空和雷电之神，备受尊崇，是奥林匹斯山诸神之王。负责分配其他神的职责，所有神都要服从他的领导。他出轨次数很多，声名狼藉。他子女众多，神和凡人都有。

赫耳墨斯

狄奥尼索斯

狄奥尼索斯是酒神和"例行狂欢"之神，深受痴迷于酒文化的古希腊人喜爱。其信徒不断，从遥远的公元前1500年起一直到公元前100年。但是古希腊人认为他是宙斯和凡人塞默勒的儿子。他是最后一位进入奥林匹斯山的神。

阿波罗

阿波罗是宙斯的儿子，掌管很多方面，如太阳、音乐、诗歌与医药。阿波罗很复杂，在不同的时间、面对不同的城市与民众，曾起到过不同的作用。人们对他的崇拜不容小觑，罗马人没有更改他的名字，这在诸神中不多见。

阿尔忒弥斯

阿尔忒弥斯在古希腊女神中得到最广泛的尊崇。她是阿波罗的孪生姐姐，被人们敬奉为狩猎女神。她还是处女神以及儿童的保护神。在传说中，任何威胁过她的人下场都很悲惨。她的神庙是古代世界七大奇迹之一。

```
         克洛诺斯 ---- 瑞亚
              |
    ┌─────┬───┴───┬─────┐
    |     |       |     |
   赫拉  波塞冬  赫斯提  冥王哈迪斯
              (Hestia)   (Hades)
```

赫拉

赫拉是女性、家庭和生产之神，是宙斯的姐姐和妻子，诸神中的王后。她是婚姻圣洁的坚定保护神，对宙斯和其他女性的风流韵事心生忌恨，被看作是严厉的女家长式人物。

波塞冬

赫斯提（Hestia）

冥王哈迪斯（Hades）

哈迪斯是宙斯的哥哥，生活在冥府（人死后灵魂所停留的地方）。现代人对他有很多误解，其实哈得斯并非一个恶魔样的幽灵，他不喜暴力，希望维持各方平衡，为了做到这一点，他要求所有的臣民（死去的人）遵从规则。

雅典娜

雅典娜是智慧和战争女神，是雅典城的守护神，在雅典城备受崇拜。人们认为，雅典娜会带领将士冲锋陷阵，于是给她建了很多庙宇。雅典娜在特洛伊战争、《伊利亚特》和《奥德赛》中都起到过重要作用。对古希腊人来说，她的地位的重要程度难以想象。

阿瑞斯　　赫菲斯托斯　　德墨忒尔

古希腊神的起源

从混沌中产生出诸神和超自然的实体,以此为基础,古希腊人形成了对世界的看法。

从最早的时候起,人类就致力于解释宇宙中常见的神秘事情、各种情景以及不解之谜。在历史发展中,神话和传说以及生命起源的故事于口口相传中产生,然后才被人们不断重复、加工并记录下来。

在古希腊,诸神、半神和传说中的怪兽早在公元前3300年就已经出现,这也许还得益于近东的神秘主义。个别的文本可能会提到其他宗教的教义或主要人物,而古希腊神的起源和发展则主要记录在史诗《伊利亚特》和《奥德赛》、颂扬不同神的33首诗《荷马体赞美诗》,以及赫西俄德(Hesiod)的作品中。赫西俄德的主要著作是《神谱》,讲述了世界的起源以及之后为追求卓越而引发的各种斗争。在人们眼里,他和荷马一起奠定了古希腊宗教和礼拜习俗的根基。

> 人们认为,古希腊男女诸神掌控着生活的不同方面。

赫西俄德生活在公元前8世纪晚期和公元前7世纪早期,与荷马是同时代人。历史学家把他的记录看作是当时经济、农耕技术、天文以及纪年的信息源泉,对他大加赞扬。不过,他最值得人们记住的是在《神谱》中描述了"诸神的诞生"。《神谱》这部史诗把相传数代人的创世神话融合在一起,或许还吸收了迈锡尼、巴比伦和地方性的神话。有的学者把这部史诗看作古希腊神话的起源和基础,其实,较为准确的说法应该是:这本书是古希腊人对世界看法的一瞥,是对社会思想和一些标准的验证。这些标准包括君主统治的权力标准和社会条件标准。这部著作或许着意于圣歌表演,而这种圣歌与诗竞赛和礼拜活动不无关联。这本大部头的著作包括创世神话、继位斗争和神的宗谱。

《神谱》以原型主题开头。在最早的时候,

▶ 奥林匹斯诸神和泰坦神之间的斗争改变了希腊神的构图

泰坦诸神的兄弟
——独眼巨人

在赫西俄德笔下，库克罗普斯是盖亚和乌拉诺斯的最早的孩子，是指三个独眼巨人，眼睛长在额头中央。他们力气过人，在历史上他们被描绘为工匠、建造者、铁匠，擅长制造使用各种工具和武器。在《神谱》中，这三位巨人是雷神布龙特斯（Brontes）、闪电神斯忒罗佩斯（Steropes）和阿耳戈斯（Arges）。他们威风凛凛，性情暴躁，是百手巨人家族（Hecatonchieres）和泰坦诸神的兄弟。乌拉诺斯惧怕他们过人的力量，把他们全部囚禁起来。后来，克洛诺斯把他们放了出来，但是不久又把他们送回地狱，到后来宙斯才把他们解救出来。

库克罗普斯（Cyclops）直接翻译过来是"圆眼"的意思，荷马称其为波塞冬的儿子们，在史诗《奥德赛》中对波吕斐摩斯（Polyphemus）进行了专门的描述。而赫西俄德只记载了这三位独眼巨人，强调了他们为其他神所取的得成就作出的贡献，如为宙斯提供雷电，打造了象征波塞冬的武器三叉戟，为哈迪斯和其他神提供隐形头盔，还为阿尔忒弥斯和阿波罗锻造了弓与箭。

▼ 波吕斐摩斯在独眼巨人中最有名

世间没有秩序。

混沌神（Chaos），又称原始裂缝神（Chasm），在起始的无边黑暗和虚无中处于掌控地位。然后诸神从虚无中产生。书中并没有详细解释这件原始事件是怎样发生的，不过在一些早期的说法中提到，混沌中生出一个卵，而早期的神就是从这个卵中生出来的。按照这本书的说法，混沌神是一个切实的存在，但是虚无缥缈、晦暗不清、遥不可及，是最早的原始生物。而其他的人则认为，混沌神就是"空气"。"无穷尽"的观念为古希腊人所熟知，他们认为，人的存在产生于最基本的统一体，而这个统一体是万物的永久根基。这种理念被称为"阿派朗（aperion）"，翻译成英语就是"无限定（the unlimited）"。①

有的古希腊哲学家把混沌神看作现实的基础。在公前5世纪，哲学家色诺芬尼（Xenophanes）这样写道："地球的上极限紧挨空气，与我们的脚相近；下极限往下伸至阿派朗。地球的源泉与极限、海洋、天空……所有事物都处在一个有风的巨大裂缝中，而这个缝隙似乎没有穷尽，是之后混沌神的雏形。"混沌与秩序之间的斗争是一个众所周知的跨文化主题。

诸神诞生

大地之母盖亚是从混沌神中生出的第一个神，之后生出冥府或地狱之神塔耳塔洛斯，笼罩冥府的黑暗之神厄瑞玻斯，笼罩地球的黑暗女神尼克斯，以及爱与吸引力之神厄洛斯。

塔耳塔洛斯是深不可测的地狱。在《神谱》

---

① 古希腊哲学家阿那克西曼德提出的哲学概念，即世界的"本原"。"阿派朗"在运动中分裂出冷和热、干和湿等对立面，从而产生了万物。世界从它产生，又复归于它。——译者注

> 在古希腊所有的主神中，宙斯是唯一一个印欧语系出身没有受到争议的神。

▲ 图为泰坦神反宙斯之战的激愤场面。约阿希姆·乌提耶沃（Joachim Wtewael）绘

中，赫西俄德用大量的篇幅描写了地狱难以想象的深邃。他写道，从天堂扔下一个青铜砧，9天之后才能到达地面，然后还需要9天从地面跌入塔耳塔洛斯底部。在古希腊艺术中，尼克斯是夜的化身，长着翅膀，或驾驭着双轮马车，头顶上笼罩着黑色的、神秘的薄雾。厄瑞玻斯是黑暗的原始神，是尼克斯的亲密伙伴。据称，随着夜幕降临，尼克斯会用厄瑞玻斯的黑暗面纱罩住天空，填满每一个虚空之处和缝隙。然后，随着新的一天的开始，厄瑞玻斯的女儿们作为光亮之神会驱散黑暗。厄洛斯也是位原始神，尽管如此，却常常被描绘成阿弗洛狄忒淘气的孩子。阿弗洛狄忒是爱神，负责把爱带给神和凡人。厄洛斯则常常被刻画成一个帅气的年轻人甚至是小孩，带着弓和箭，在情人之间传递礼物。

之后，盖亚生了天空之神乌拉诺斯和海洋之神蓬托斯。盖亚和乌拉诺斯后来成了夫妻，生了12位泰坦神。他们是第二代神，拥有令人难以置信的力量，而且能变形，如化身为动物或自然界里的东西。其中有三位庞大的独眼巨人，生下来额头中央有一只巨大的眼睛。百手巨人是三个恐怖的怪兽，每个人都长着100只胳膊和50个头。在同一时段，厄瑞玻斯和尼克斯结合，生出天光之神埃忒耳（Ether）和地光之神赫墨拉（Day）。尼克斯后来又生了厄运（Doom）、命运（Fate）、死亡（Death）、睡眠（Sleep）、梦（Dream）、纳米西斯（Nemesis）诸神，以及一系列其他的神，如生产（Labour）、痛苦（Misery）和欺骗（Deception）。

乌拉诺斯成为宇宙的主宰。古希腊人把宇宙看作缀满星星的黄铜圆形屋顶。乌拉诺斯和他的母亲兼妻子盖亚生出了孩子。而这些孩子很快给他带来了毁灭。

盖亚和乌拉诺斯的孩子们被迫在两人爱恨交加的关系中站队。乌拉诺斯虽为人父、人夫，却毫无同情心，令人惧怕。他对百手巨人充满仇恨，而百手巨人对他这位父亲也同样毫无怜惜之

▲ 图为大地之母原始神盖亚。安塞姆·费尔巴哈（Anselm Feuerbach）绘于维也纳艺术学院顶壁上

出生的克洛诺斯却敢于与父亲对抗。一天晚上，父亲上了盖亚的床要和她睡觉，克洛诺斯则静候机会。母亲给了他一把尖利的燧石镰刀，让他趁机下手。转眼间，克洛诺斯阉割了父亲，任他痛苦地翻滚。不过《神谱》坚称，克洛诺斯是独自行动。其他版本的创世神话则认为，克洛诺斯的4个泰坦神兄长是他的同谋，他们摁住乌拉诺斯，任由克洛诺斯猛砍父亲。鲜血从乌拉诺斯的伤口中流出来，自然女神们（又称作墨利亚[Meliae]）就此诞生。其中的蜂蜜仙女们（Honey Nymphs，她们或许属于自然女神）后来在抚育克里特岛上的宙斯时起过重要作用。

乌拉诺斯的血液中还生出巨人一脉。这个支脉尽管体型上并不大，却极其强壮，最终他们和奥林匹斯诸神进行了对决。愤怒女神（Furies），又称复仇女神（Erinyes），也从乌拉诺斯的伤口中诞生。冥府诸神，包括愤怒女神阿勒克图（Allecto）、复仇女神提希丰（[Tisiphone]和妒忌女神墨纪拉（Megaera），也来到人世，开始抓捕罪犯，并对他们的罪恶做出审判。

克洛诺斯拿起父亲被割掉的睾丸，愤怒地扔进大海。从大海的泡沫中生出美丽的爱神阿弗洛狄忒。阿弗洛狄忒涉水前行，在地中海东部的塞浦路斯岛上岸，这里后来成为祭祀她的圣地。

不幸被阉割后的乌拉诺斯命运如何，无人知晓。他也许死了，也许永世再没有显赫过。不过，消失之前，乌拉诺斯曾预言，克洛诺斯和其他泰坦诸神会因为谋害父亲而付出代价。

克洛诺斯和泰坦诸神

克洛诺斯把百手巨人和独眼巨人驱赶到冥府塔耳塔洛斯，从而控制了创世纪。他是泰坦神中最年轻的一位，却最强壮。他还是时间之神，

情。盖亚生出百手巨人，乌拉诺斯却不愿见这些恐怖的孩子，把他们一个个重又塞回母亲的肚子里，并把他们囚禁在里面。这让盖亚极其痛苦，于是伺机对丈夫进行报复。她让泰坦诸神与独眼巨人帮助她来实施。

孩子们惧怕父亲，但是十二泰坦神中最后

与具有破坏性和损害巨大的时间段都有很大的关联。克洛诺斯的泰坦诸神兄弟姐妹中有6个姐妹和5个兄弟。

俄亥阿诺斯是海洋之神，河神伊克阿诺斯（Okeanos，是地球上泉水、溪流和云雨之神）也归属于他。他在泰坦神中年龄最大，还掌管着地球和其他在水域上升起、沉落的天体。他与妹妹忒提斯（Tethys）成婚，生出河流之神波特密（Potamoi）、泉水仙女俄刻阿尼得斯（Okeanides）以及云之女神讷菲莱（Nephelai）。在其他版本的创世故事中，俄亥阿诺斯拒绝与兄弟们一道阉割父亲。在古希腊神话中，他常常被刻画成长着巨大的牛角和一条鱼尾巴的形象。

许佩里翁是太阳之神和天光之神。他的后代有太阳神赫利俄斯（Helios）、黎明神厄俄斯（Eos）和月亮神塞勒涅（Selene）。他的妻子兼姐姐忒伊亚（Theia）是蓝天女神和保护神。许佩里翁名字的意思是"向上的人"。在有些版本的创世故事中，他是把天地分开、擎着天穹的四神之一。自从太阳从东方升起，许佩里翁一直都是最东边的擎天柱。他让日子和月份循环不止，从而与天体运动和四季轮回一致。

科俄斯（Coeus）后来被罗马人称为波罗（Polos），意思是"最北边的柱子"，说明他一直在举着最北边的柱子，把天撑起来。根据古希腊人的解释，科俄斯尽管在早期的诸神中作用很小，却起着天体中轴的作用，其他的天体和星群都围绕着它旋转。他还是天谕之神，与智力和求知欲相关联，据传有预知能力，与老去的乌拉

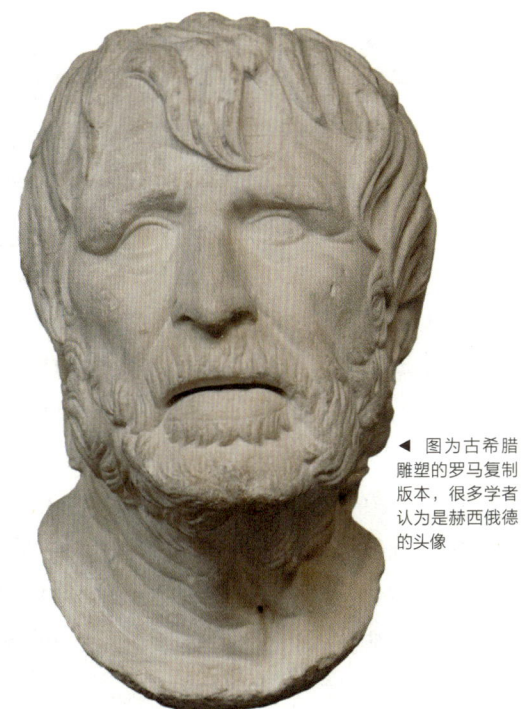

◀ 图为古希腊雕塑的罗马复制版本，很多学者认为是赫西俄德的头像

赫西俄德是谁？

他与著名的荷马是同时代人，诗人兼作家，在古希腊社会建立宗教习俗和信仰上，以及西方文化的兴起上起到至关重要的作用。关于他的出生和死亡日期历史学家们颇有争议，但一致认为，他的作品描写的是公元前750年到公元前650年间的历史。赫西俄德的主要著作有《神谱（The Theogony）》，以及富有教育意义的诗歌《工作与时日（Works and Days）》。后者是一位农人的年历，描述了农人的生活。他还为经济理论、纪年以及天文学做出了贡献。在西方传统记载中，赫西俄德是第一位在作品中采用主动语态的诗人兼作家。

人们认为，赫西俄德出生于希腊中部的彼奥提亚（Boetia），先祖从小亚细亚搬迁而来。他把自己的诗歌创作能力归因于缪斯的赠予。据称，他在放羊的时候，缪斯女神曾前来光顾，授予他"诗人的权杖"，要他为"神圣的不朽诸神歌唱"。就这样，他走上了诗歌创作的道路。

人们还认为，赫西俄德在有生之年已经享有一定名望，证据是他曾受邀参加重大仪式和丧葬大事。

孩子们惧怕父亲，但是十二泰坦神中最后出生的克洛诺斯却勇敢地与父亲对抗。

诺斯息息相通。

人们认为,克瑞斯举着最南边的柱子,撑起了天。他属于白羊座,是其中的公羊座。白羊座从南方升起,标志着古希腊新的一年的开始。克瑞斯与海洋后代欧律比亚(Eurybia)成婚,他们的儿子阿斯忒里亚(Astraios)是星象之神。

伊阿佩托斯撑起了最西方把天地分开的柱子。他名字的寓意是"矛尖",与矛相关,似乎在说人生有限。伊阿佩托斯还是技艺之神,他的儿子们在人类和其他生物的创造上起着至关重要的作用。盗取火种的普罗米修斯(Prometheus)很聪明,把狡诈传给人类。伊琵米修斯(Epimetheus)则不够聪明,把愚蠢传给人类。阿特拉斯注定要用肩膀担负起创世重任,富有耐心和勇气,并把这些品质传给人类。墨诺提俄斯(Menoetius)则傲慢、残暴,而这是人类突出的两个弱点。

西弥斯是泰坦女神,司圣法、秩序和行为准则。她管理祭司,同时是特尔斐神庙第二任祭司。作为神谕的传达者,她教导人类进行最初的对错判断,并对正义与政治权威做出解释。她介绍向诸神祭献贡品的做法,还引入热情、虔诚和基本的道德,对宗教和社会习俗产生了很大的影响。后来,她成了宙斯的新娘,在图画中,常常坐在宙斯宝座的旁边,在法律和道德方面给他提供建议。

福柏在泰坦家族中是明亮和光芒女神,有预知天赋,是一位预言家,同时获得了第三代

> **克洛诺斯拿起父亲被割掉的睾丸,愤怒地扔进大海。**

▲ 图为泰坦诸神在与奥林匹斯诸神的对决中惨败的场景。科内利斯·范·哈勒姆（Cornelis van Haarlem）绘

◀ 图为巨蛇俄菲翁（Ophion）缠绕着宇宙蛋（Universal Egg），别样的古希腊神话创世说就是从这个蛋发展起来

▶ 图中描绘的是克洛诺斯阉割乌拉诺斯的场景。16世纪壁画，乔尔乔·瓦萨里（Giorgio Vasari）和克里斯托法诺·格哈蒂（Cristofano Gherardi）绘

别样的古希腊创世说

有一种创世说与赫西俄德的版本形成对比，认为创世者是万物女神欧律诺墨（Eurynome）。这种创世说要归功于皮发斯基文明（Pelasgian civilizsation），即古希腊文明的先驱。根据这个版本，欧律诺墨从混沌神中诞生，然后把海与天空分割开来。她在海上赤身裸体地跳舞，步速越来越快，手中呼呼生风。她把风揉成巨蛇俄菲翁。巨蛇看着这位女神舞蹈，逐渐被她迷住，于是把她缠绕起来，总共缠了7圈。

俄菲翁和欧律诺墨拥抱在一起，就这样生出了宇宙蛋。欧律诺墨教俄菲翁缠蛋7圈。蛋孵化，大地和万物出现了。欧律诺墨登上奥林匹斯山守护着万物成长，俄菲翁和她在一起。但是俄菲翁开始吹嘘创世是他一己之功。这冒犯了欧律诺墨，于是她把这条蛇从奥林匹斯山上扔下。之后，欧律诺墨创造出月亮和行星，分门别类，让泰坦诸神来掌管。例如，克洛诺斯和瑞亚掌管土星，被赋予和平的力量。与赫西俄德充满暴力的创世故事相比，这不无讽刺意味。

特尔斐神庙的神谕。福柏与同胞兄弟科俄斯成婚，生了女儿勒托（后来成了宙斯的情人，生了双胞胎阿波罗和阿尔忒弥斯）和阿斯忒瑞亚（Asteria，即"星光闪闪"的意思）。很明显，福柏并没有选择参与阉割乌拉诺斯的行动，因为她没有被驱赶到地狱去。她后来把特尔斐神庙传给了孙子阿波罗。

忒伊亚是天光和视力之神，据说可以赋予金银以光泽。她与许佩里翁成婚，生下赫利俄斯、厄俄斯和塞勒涅。

特提斯是俄亥阿诺斯的妻子，是淡水之神，生了讷菲莱、波特密和俄刻阿尼得斯。特提斯的名字来源于古希腊语中的"护士"和"祖母"。在古希腊艺术作品中，她常有生育女神厄勒梯亚（Eileithyia）陪伴左右，此外没有明显特征。她生育了很多水中仙子与河神，据说有能力通过地下通道控制水流，以此来滋养和抚育后代。

谟涅摩叙涅发明了语言和词语，是泰坦神中的时间、记忆和怀念之神。她是缪斯的母亲，代表记忆能力。要把诸神及其统治情况口口相

传,一代一代传下去,需要这种记忆能力。人们认为是她首创了写作和演说。是一个不见经传的祭司,她还曾被看作宙斯9个女儿(都是音乐女神)的先师。

瑞亚嫁给了哥哥克洛诺斯。作为诸神之母,她司女性生育、为母之道和生殖。她名字的意思是"顺畅"和"容易",指的应该是生育过程。她还代表时间的演进和重大事件。作为天国的王后,她和克洛诺斯生育了子女。克洛诺斯一直记得父亲乌拉诺斯和之后他母亲盖亚所发出的警告。

众多的孩子存活下来会威胁克洛诺斯的统治,这是他不允许的。所以只要孩子一生下来,他就会吞掉。前五个孩子,赫斯提、德墨忒尔、赫拉、哈迪斯和波塞冬均难逃劫难。他的行为让瑞亚很焦虑,因此,第六个孩子她是在克里特岛伊达山(Mount Ida)的一个山洞里偷偷生的,她的父母乌拉诺斯和盖亚有可能帮了忙。瑞亚用婴孩衣服包着一块石头给了克洛诺斯,他想都没想就吞下,根本没有去看孩子的脸。就这样,宙斯在克里特岛上长大成人了。

儿子对抗父亲

宙斯由仙女们养育,其中主要是阿玛耳忒亚(Amlthea)。她是养母,性格温柔,常常被描绘成山羊或看护山羊的小仙女。宙斯喝阿玛耳忒亚的奶长大,逐渐强壮起来。他哭的时候,小神仙枯瑞忒斯(Curetes)会跳起舞蹈,把矛和盾弄得叮当作响,压过他的声音,这样克洛诺斯就不会听见,也不会产生疑心。

与此同时,克洛诺斯岁数大了。父与子之

> 阿波罗不仅杀死了皮森(Python),据说还非常有智慧,远在人类之上。

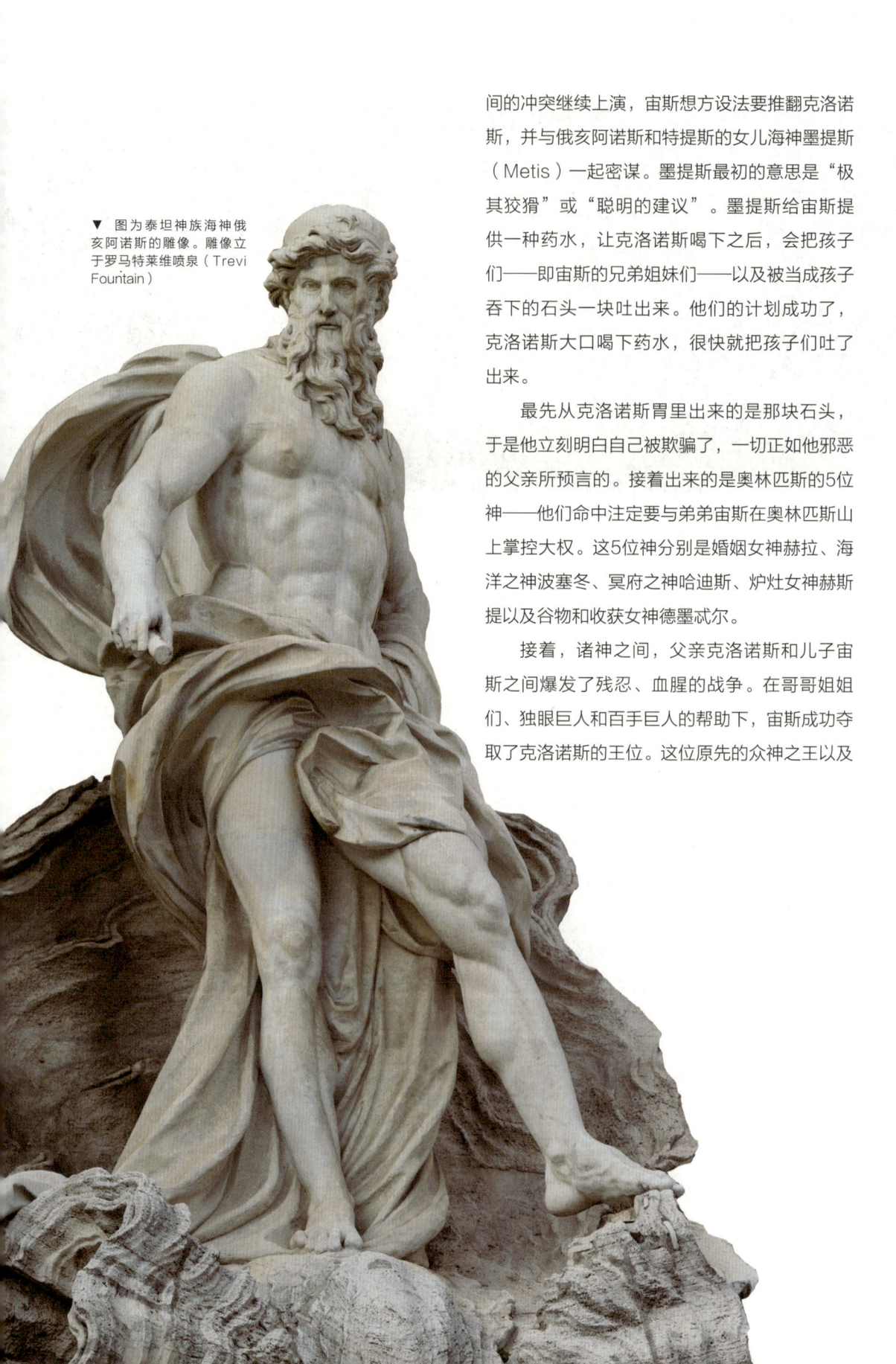

▼ 图为泰坦神族海神俄亥阿诺斯的雕像。雕像立于罗马特莱维喷泉（Trevi Fountain）

间的冲突继续上演，宙斯想方设法要推翻克洛诺斯，并与俄亥阿诺斯和特提斯的女儿海神墨提斯（Metis）一起密谋。墨提斯最初的意思是"极其狡猾"或"聪明的建议"。墨提斯给宙斯提供一种药水，让克洛诺斯喝下之后，会把孩子们——即宙斯的兄弟姐妹们——以及被当成孩子吞下的石头一块吐出来。他们的计划成功了，克洛诺斯大口喝下药水，很快就把孩子们吐了出来。

最先从克洛诺斯胃里出来的是那块石头，于是他立刻明白自己被欺骗了，一切正如他邪恶的父亲所预言的。接着出来的是奥林匹斯的5位神——他们命中注定要与弟弟宙斯在奥林匹斯山上掌控大权。这5位神分别是婚姻女神赫拉、海洋之神波塞冬、冥府之神哈迪斯、炉灶女神赫斯提以及谷物和收获女神德墨忒尔。

接着，诸神之间，父亲克洛诺斯和儿子宙斯之间爆发了残忍、血腥的战争。在哥哥姐姐们、独眼巨人和百手巨人的帮助下，宙斯成功夺取了克洛诺斯的王位。这位原先的众神之王以及剩下的泰坦神被放逐到地狱塔耳塔洛斯深渊。宙斯在帕耳那索斯山（parnassus）举起一块石头，以此来纪念对父亲的胜利。有一个神话是这样讲的：宙斯在地球相对的两端放飞两只鹰，让它们相对而飞，那么它们就会在地球的正中间相遇。结果两只鹰相遇的地点是特尔斐。于是宙斯把举过的那块石头放在帕耳那索斯山根处，把它当作人类的标识。这个纪念碑就是"翁法洛斯石（Omphalos Stone）"，即"地球的中心"。据传，地球上所有的生物都从这个中心生出。就是在这里，后来建立起一个神谕宣示所。

神与神的对决

由于多数泰坦神拒绝立马投降，争斗持续了十年之久。在这场拉锯战中，双方均无法占据上风。于是宙斯听取祖母盖亚的建议，决定去一趟冥府，寻求独眼巨人和百手巨人的帮助。

宙斯对百手巨人说："我来找你们帮忙打仗。你们帮了忙，我就会把你们放出来。但你们必须证明，你们能控制住肢臂，不随意发怒。我要用三个任务来证明你们有资格获取自由。"

宙斯接着说道，首先，百手巨人需要打败看守冥府之门的妖兽坎珀（Campe）。第二，要往奥林匹斯山上扔一块巨石。第三，去找独眼巨人，帮助他们打造武器，并最终打败克洛诺斯。百手巨人于是开始完成这三个任务。

他很快就发现自己被欺骗了。

嫉妒诱发的篡权

克洛诺斯之所以登上诸神宝座，除了顺从母亲盖亚的意愿之外，还另有他因，别有动机。盖亚生孩子很痛苦，而丈夫乌拉诺斯却把他们囚禁在她的子宫里，这让她无法忍受。克洛诺斯似乎还被嫉妒——人类最古老的恶习所驱使。他阉割乌拉诺斯，既是应盖亚请求伸出援手，同时也是因为自身渴望拥有终极权力。两种动机，不相上下。他阉割了父亲——生育之神乌拉诺斯，这本身就具有讽刺意味——实现了夺权的目的，但是盖亚帮助他是有条件的，他却没能遂她心愿，没有释放百手巨人和独眼巨人，而是把他们囚禁起来。于是盖亚和乌拉诺斯一道，发出预言，称克洛诺斯未来会被自己的孩子推翻。就这样，出于嫉妒，克洛诺斯吞掉了自己的孩子。瑞亚骗了他，才使得他最终倒在宙斯之手。

▲ 图为克洛诺斯在吞掉自己的孩子。彼得·保罗·鲁本斯（Peter Paul Rubens）绘

▲ 图为奥林匹斯山诸神。19世纪意大利画家路易·赛博特里（Luigi Sabatelli）绘

奥林匹斯山 诸神的家园

宙斯和其他奥林匹斯山诸神居住在壮观的奥林匹斯山上，远远审视着下方地球上发生的大事。

古希腊人认为，凡人居住地与奥林匹斯山诸神的王国相交于希腊北部的奥林匹斯山脚下，位于马其顿古国和塞萨利（Thessaly）的交接处。奥林匹斯山是希腊最高的山，海拔2918米，数千年前和今天一样威严耸立。这座时时云雾笼罩的群山巅峰，成了现代人了解古代世界的一个切入点。

奥林匹斯山最初闻名于希腊是因为宙斯要控制天堂和人间，发动了对父亲克洛诺斯和泰坦诸神的战争。战争持续10年，在巅峰决战中宙斯获胜。不过，关于奥林匹斯山所起的作用：是宙斯把它当作根据地，还是宙斯获胜后才成为诸神的家园，说法并不统一。也有说法称这是一场泰坦诸神反抗宙斯的战争，据传发生地为塞萨利，因为老一代神——泰坦诸神把南部希腊的俄特里斯山（Othrys）当作堡垒。

> 奥林匹斯山孤峰挺立，是诸神监督凡俗世间的绝佳场所。

诸神之战

为争夺宇宙控制权，宙斯把百手巨人和独眼巨人营救出来，要他们帮忙。百手巨人朝泰坦诸神扔大石头，独眼巨人则制造出威力强大的闪电和霹雳，让宙斯用来对付父亲。而泰坦神中的大多数都支持克洛诺斯。关于这场战争，有一部分人认为，泰坦神中的秩序、公正和自然法女神西弥斯和儿子普罗米修斯支持奥林匹斯山诸神。另一部分人则坚称，普罗米修斯置身事外，只是暂时性地受到胜利方的青睐。帮助宙斯的是他的兄弟姐妹们，有赫拉、哈迪斯、波

▶ 图为罗马版的古希腊神宙斯雕像，出自伟大的朱庇特·士麦那之手

宙斯的宝座

1955年,英国诗人罗伯特·格雷夫斯（Robert Graves）出版了两卷本的古希腊神话纲要《古希腊神话》。这部著作有可能只是格雷夫斯个人对古代世界的解读，而不是对现存历史文献的实际分析成果，毁誉参半。不过，格雷夫斯确实对宙斯的宝座，以及其他主神进行了生动的描写。

根据格雷夫斯的描述，宙斯的宝座放在神庙大厅的尽头，不同颜色的7级台阶通向宝座。宝座由赫菲斯托用埃及黑色大理石打造，上面镶嵌有金子。宙斯的右胳膊上是作为其象征的一只金色的鹰。宙斯的眼睛是镶嵌的红宝石。鹰嘴里吐出的缕缕锡衣，代表威力强大的闪电。宝座上垂着的帷幔是紫色的公羊毛，是宙斯用来造雨的。宝座上方张开着一顶亮蓝色的华盖，反射着美丽的天空。

赫拉的宝座在宙斯的宝座旁边。两个座位之间由3个水晶台阶相连，台阶由象牙打造而成，上面装饰着金色的布谷鸟，头顶上浮着圆月。赫拉用白色的羊皮造雨。

▼ 图中宙斯端坐在庄严的宝座上。宝座安放在奥林匹斯山上宙斯神庙大厅最显眼的位置上

塞冬、赫斯提以及德墨忒尔，他们都为奥林匹斯方的胜利做出了贡献。

战争结束了，泰坦诸神被囚禁在塔耳塔洛斯深渊中，由百手巨人看守，防止他们逃跑。声誉卓著的泰坦诸神被判处永久性的惩罚，如阿特拉斯，被判定用肩膀扛起天穹。

多年之后，宙斯解放了泰坦诸神，并让已经年老的父亲掌管极乐岛（Elysian Islands）。古希腊人把这个岛看成是"幸运死者"的家园。

奥林匹斯山的崛起

对古希腊人来说，奥林匹斯诸神的胜利标志着一个崭新的、更加文明的万神殿的兴起。然而，这里的神似乎和人类受着同样癖好的困扰。奥林匹斯诸神有数千个，他们法力各异，力量远超凡人，维持并强化着创世和万物的早期理念。他们坚信，文明的进步通过斗争才能实现。

宙斯是奥林匹斯诸神之王，在奥林匹斯山上修建家园。有的故事版本认为，这个家园就在奥林匹斯山的山顶上。而其他的版本则认为家园远在实际的山顶之上。奥林匹斯诸神家园的大门由季节之神赫莱（Horai）看守，他就守在两扇金色的大门（又称云彩之门）前。大门由众神之中的铁匠赫菲斯托斯（Hepahestus）打制。早期的文字把宙斯的宫殿描绘成金碧辉煌的卫城或城堡。根据记载，奥林匹斯诸神也住在奥林匹斯山上，他们要么拥有自己的宫殿——用大理石和金子建成，用青铜打造地基；要么一同住在宙斯的宫殿里。宙斯的宫殿，无论是多个还是一个，都由宙斯和赫拉的儿子赫菲斯托斯建造（有的故事认为，他是赫拉一人的儿子）。赫菲斯托斯是奥林匹斯神中唯一一位形体不美，但用处很大的工匠，为满足诸神需要，他制造出了自动装置（主要是自动机械）。

> 凡人不许进入奥林匹斯山。这里仅容纳诸神。

11位住在奥林匹斯山上的主神是：王后赫拉，婚姻和生育之神；波塞冬，海洋之神；雅典娜，季节、智力和文学之神；阿波罗，光、真理、音乐和疗愈之神；阿波罗的孪生姐姐阿尔忒弥斯，狩猎、贞洁，处女和月亮之神；赫斯提，灶神；德墨忒尔，玉米、谷物和收获之神；长着翅膀的赫耳墨斯是诸神的信使；阿弗洛狄忒，爱情、美丽、生育和性快乐之神；阿瑞斯，战争之神；赫菲斯托斯，工匠之神。在这座高山的山脚下，住着9位缪斯女神，她们为音乐、艺术、文学和科学的发展提供灵感。

哈迪斯是冥府之神，没有在奥林匹斯山上居住。不过，据另外的版本记载，他居住于别处与泰坦神失败不无关系。据称，奥林匹斯神获胜之后，宙斯、哈迪斯和波塞冬三兄弟齐聚一堂，商量怎么分配天上、大地和地狱。

三个人用抽签的方式来解决。就这样，宙斯

▲ 巍峨的奥林匹斯山诸峰，位于希腊北部，俯瞰周围山野，是奥林匹斯诸神的神秘家园

除了天空和天堂，还主宰着一切领域，包括海洋和冥府。海洋被分给波塞冬，地下的冥府由哈迪斯掌管。

奥林匹斯山上的生活

奥林匹斯山诸神一边享受着花蜜与美食，一边过着社会化的生活，思考与关注着下界的人类。据有的故事记载，他们的食物由鸽子运送。食物气味芳香诱人，能量远远超过普通食物。

奥林匹斯山的焦点位置是宙斯的宫殿。宫殿周围是巨大的院落，有多条带顶棚的通道。宫殿规模宏大，有重大会议时，可以把各位主神、数千个半神，以及不太重要的神们全部召集在这里。大厅中央地面用金子铺就，是众神举办宴会和辩论的场所。在宫殿里，宙斯可以让众神观看地球上的活动。大厅的另一侧是住处和储物间。

据传，宙斯在奥林匹斯山上还有第二个处所，远在这座宫殿的上方，只有宙斯一人能上去。从这个雄伟的处所，宙斯可以看到下面所有的活动。

一个父亲的视角

宙斯是诸神之王，是位仁慈的掌权者，奖励高尚行为，惩罚不守规矩者。他深受古希腊人尊敬，被尊为众神和众生之父。他神圣的权力包括掌控天气，用盾制造风暴、云团和天空气象。他调节宇宙和自然的时间和秩序。他还是人间统治者的顾问。

奥林匹斯山上的生活通常被描绘得很悠闲，不过，这种宁静和舒适也会遭到威胁。这个时候宙斯就会采取强有力的行动。在他掌控王权之后也会出现这种情况。大地之母盖亚对她的孩子们——泰坦诸神的失败大为恼火，开始寻机报复宙斯和奥林匹斯诸神。

堤丰是盖亚和塔耳塔洛斯（原始神之一）的最后一个孩子。在创世故事中，他被描绘成威力强大的怪兽，会喷火，从来不睡觉，长着100个头，足以威吓敌方。在史诗般的战斗中，堤丰攻击宙斯，把他身上的肉都撕了下来。赫耳墨斯前来救援，医治好受伤的宙斯。然后宙斯用威力强大的闪电击败堤丰。战败的堤丰被囚禁在西西里岛东部的埃特纳火山（Mount Etna）之下。

对奥林匹斯山乃至世界安定的造成威胁的另一个来源是巨人们，即巨人族（Gigantes）。他们是乌拉诺斯的孩子，在乌拉诺斯被克洛诺斯阉割后，从乌拉诺斯的血液中生出。他们的样

◀ 图为古希腊神赫拉的雕塑，为罗马仿制品。她是诸神中的王后，还是婚姻之神

子很吓人，而恩克拉多斯（Enceladus）就是其中的一位。在这场争战中，他是雅典娜的主要对手，但最终被宙斯打败，被压在埃特纳火山下面。年轻的米玛斯（Mimas）也属于巨人家族，他威力强大，曾朝奥林匹斯诸神扔巨石和燃烧着的大树。根据不同的版本，米玛斯要么被赫菲斯托斯摧毁，要么被宙斯烧死了。赫菲斯托斯朝着冲击过来的米玛斯扔烧得通红的金属碎片，宙斯则用闪电把他烧着了。

宙斯带领奥林匹斯诸神打败了泰坦诸神以及凶神恶煞的堤丰和巨人族，从而被尊崇为众神之王。他高尚的品质同样受到世俗凡人的崇敬。不过，他也有着劣根性，在诸神之间造成动乱，还引起妻子赫拉的不信任。

赫斯提：灶神与家宅保护神

根据奥林匹斯诸神的诸多记载，赫斯提是克洛诺斯和瑞亚的第一个孩子，因此也是被父亲吃掉的第一个孩子。赫斯提是最初的十二位奥林匹斯诸神之一，司炉灶，各家的灶台或壁炉都是她的祭坛。在人们的记忆里，她比其他的奥林匹斯神都要矮小，在奥林匹斯山的诸多重大活动中，她要么不准参与，要么不准担任重要职责。她的神座用木头制成，平淡无奇，毫无装饰。

根据有些历史学家的说法，赫斯提为支持酒神狄奥尼索斯而让出了十二主神的位置。狄奥尼索斯司酿酒、生育，甚至还负责"礼制性狂欢"，是宙斯和凡人塞勒姆的孩子。赫斯提的这一出让行为很可能是为了维护奥林匹斯山上的安定与和谐。但有证据表明，古希腊人对这个故事也有分歧。实际上，雅典市场上奥林匹斯诸神的祭坛中有赫斯提的位置，而万神殿东墙的雕带上刻画的则是狄奥尼索斯与其他诸神。

▼ 英国诗人和历史小说家罗伯特·格雷夫斯著有《古希腊神话》，对奥林匹斯山上的诸神进行了生动的描述

▶ 图为古希腊灶神和家宅保护神赫斯提。据传，她是奥林匹斯山十二诸神之一，却放弃了神位

宙斯：奥林匹斯山之王

万能的宙斯是奥林匹斯山诸神之首，是诸神之王，生育了众多神明和英雄。他掌管天空和天气。他的伴兽是所有鸟中体型最大的鹰。宙斯在诸神中最强大，没准比其他神联合起来都要强大。

宙斯监督宣誓与招待事宜。为神的他光芒四射，足以把凡俗之人烧烤成灰。他眼波流转，与很多妻子之外的仙女或女人有情事。其中的达娜厄（Danae）不仅为他生了英雄珀耳修斯（Perseus，杀死了蛇发女妖美杜莎[Medusa]），还有赫拉克勒斯——这位注定要成为奥林匹斯山的半神，此外还与女性中最为漂亮的海伦生育了子女。除了这些给他生出了强大的子女的女人之外，宙斯还和其他很多的女人有染。他的妻子赫拉倍感屈辱，伺机报复、折磨这些女人。

奥林匹斯山十二诸神

奥林匹斯山诸神家族很辉煌、高贵，却又多阴谋诡计、奸诈，相互之间嫌隙不断。

赫耳墨斯：诸神的信使

赫耳墨斯是宙斯和仙女的儿子，是众神信使和跑腿者。他可以把其他的神引到目的地。在《伊利亚特》中，他带领特洛伊的国王普里阿摩斯（Priam）穿过希腊人防线，找到阿喀琉斯，夺回了国王被杀死的儿子赫克特（Hector）的尸首。当赫拉、雅典娜和阿弗洛狄忒寻找上伊达山（Mount Ida）之路、参与审判帕里斯的时候，给她们领路的就是赫耳墨斯。他还把波尔赛福涅从哈迪斯的冥界解救出来，送还给她阳间的母亲德墨忒尔。

波塞冬：海洋之王

波塞冬是宙斯的亲哥哥，是克洛诺斯的儿子。宙斯、波塞冬和哈迪斯三兄弟推翻父亲之后，波塞冬分得的地方是海洋。他和海洋一样，这一刻还风平浪静，下一刻就波涛汹涌。他的武器和权威的象征是一个三叉戟。波塞冬报复心强，古希腊英雄奥德修斯（Odysseus）弄瞎了他儿子独眼巨人的眼睛，于是他在奥德修斯返回家乡伊萨卡岛（Ithaca）的时候，耽误奥德修斯行程很多年。他还司地震，在古希腊人心目中，他是"摇动大地的神"。

雅典娜：智慧与战争之神

智慧之神雅典娜是宙斯和女神墨提斯的女儿。她很聪明，是文明之神，还是很多希腊英雄的保护神。在《伊利亚特》中，我们会发现，在为期十年的战争中，她直接参与其中，与希腊人一起对抗特洛伊人。在《伊利亚特》开篇之处她曾进行一次重要的援助：阻止阿喀琉斯，不让他杀死阿伽门农。在《奥德赛》中，她喜欢的人物是奥德修斯，我们可以看到她帮助奥德修斯从特洛伊逃到伊萨卡岛。她是希腊最大的城市——雅典的保护神。公元前5世纪，雅典人为她专门修建了最为辉煌的帕台农神庙。

雅典娜容颜高贵，行为高尚，但对冒犯她的人非常不客气。她洗澡的时候被倒霉的提瑞西阿斯（Tiresias）撞到，于是她认定为对方越轨，把这个可怜人给戳瞎了。

狄奥尼索斯：酒神与狂欢之神

狄奥尼索斯是酒神，是宙斯与凡俗女子塞默勒的儿子。在古希腊诸神中，他所得到的崇拜最令人瞠目。崇拜他的人中女性居多。众所周知的女祭司是领头人，祭祀仪式有时候很暴力，她们如痴如狂，载歌载舞，把野牲畜撕得粉碎。希腊女性在女祭司的带领下列队进山进行祭拜，饮酒狂欢，喝得酩酊大醉。

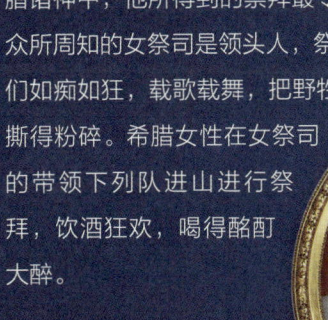

赫拉：众神之后

赫拉很漂亮，既是宙斯的姐姐，又是他的妻子，司婚姻与生育。她是宙斯的妻子，却压根谈不上幸福。丈夫爱拈花惹草，这让她妒火中烧，难以遏制。她尤其痛恨的是宙斯与凡俗女子阿尔克墨涅生下了赫拉克勒斯。她倍感屈辱，不断伺机报复宙斯，于是开始折磨从未冒犯过她的赫拉克勒斯。在赫拉克勒斯还是个婴孩的时候，她就派两条蛇去杀害，但是赫拉克勒斯把蛇都弄死了，她的计划没有得逞。后来她又把他逼疯，让他在疯魔的状态下杀死了妻小。

赫拉还忌恨宙斯的诸多情人。她说服狄奥尼索斯的母亲塞默勒，让她坚持见宙斯的金碧辉煌的真身。宙斯很不情愿地答应了，结果这个可怜的女子瞬间被他势不可当的光芒化成了灰。

德墨忒尔：万物生长之神

德墨忒尔是地球、婚姻、生育与收获之神。她是古希腊人用来做面包的谷物的最终保护神。因此对古希腊人来说，她非常重要。对她最为重要的祭祀活动是地母节（Thesmophoria），祈求好的收成，每年秋天都举行。

德墨忒尔司季节轮换，以及自然世界里的出生、生命、死亡和重生的年度轮回。冥府之王哈迪斯偷走了她的女儿波尔赛福涅，引发一段故事，也验证了她的威力。

阿波罗：音乐、疗愈和预言之神

阿波罗长相英俊，在古希腊有两大祭祀中心，分别在特尔斐和提洛岛（Delos）。特尔斐有他的女主祭司皮媞亚。她守护在阿波罗神龛前，为求愿者占卜前程。

阿波罗的武器是弓。他的男祭司克律塞斯（Chryses）在特洛伊受到希腊人虐待，于是他用带瘟疫的箭杀死了很多希腊人。据传，他把太阳拖挂在腾空而飞的战车后面。

赫菲斯托斯：奥林匹斯山的铸造匠

赫菲斯托斯是万神殿的伟大铸造匠。他与其他肢体完备的诸神不同，有点瘸，成了诸神中的外来者的象征。诸神艳羡于他灵巧的双手，却又因他的残疾而残忍地嘲弄他。

赫菲斯托斯是所有金属匠的保护神。他得知不忠的妻子向阿瑞斯示爱，于是趁他们行鱼水之欢时用一个神奇的网把他们罩在床上。然后，他召集其他的奥林匹斯神前来观瞻，让这对偷情者受尽嘲弄。

阿尔忒弥斯：司狩猎的处女之神

阿尔忒弥斯是阿波罗的孪生姐姐，是宙斯和莱托斯（Letos）的女儿。她是处子之身，狩猎女神，常常被描绘成背弓持箭的形象。她还是女性生产的保护神。作为处女之身和女孩子的保护神，她拼死维护着自身的节操。她在圣泉洗澡、正赤身裸体时，曾被不幸的猎人亚克托安（Acteon）撞见，于是恼羞成怒，把他变成一只阉割过的雄鹿，转瞬间让他自己的猎犬把他撕成碎片。

阿瑞斯：战争之神

阿瑞斯是战争之神，把战争的残忍彰显得淋漓尽致。他是宙斯和王后赫拉的儿子，但与父亲和其他神都不相同。战争神阴森恐怖，就连古希腊人自己都不喜欢这位神。但有一位神真心喜欢阿瑞斯，这位神就是爱神阿弗洛狄忒。两人生了四个孩子，但此时的阿弗洛狄忒已经嫁给赫菲斯托斯。其中的两个孩子是福波斯（Phobos，恐惧之神）和德摩斯（Deimos，恐怖之神），两人都与战争密切相关。

阿弗洛狄忒：爱的女神

阿弗洛狄忒是爱与美丽之神，在克洛诺斯把乌拉诺斯的睾丸抛进大海的时候，她从海洋泡沫中诞生了。不过在另外一个版本中，她出身稍微好了点，是宙斯和女神狄俄涅（Dione）的女儿。她主要的祭祀点在据传是她出生地的塞浦路斯。奇怪的是，这位最美丽的女神却嫁给了奥林匹斯山最丑陋的铸造匠赫菲斯托斯。她对丈夫并不忠诚，这让他怒不可遏，与战神阿瑞斯赤身裸体在床的时候曾被丈夫用神奇的网罩住。

阿弗洛狄忒在特洛伊战争中作用突出。她、赫拉以及雅典娜都想争得最美女人的称号，于是她们让特洛伊国王的儿子帕里斯来选。赫拉答应给帕里斯以权力，雅典娜答应给他以胜利，但是阿弗洛狄忒承诺把世界上最美丽的女人给他……

死亡与冥府

死者的灵魂被永久性地囚禁在暗无天日的地方，
那里有超自然的魔兽，万物永远一成不变。

▲ 画作"冥界"。弗朗索瓦·德诺姆（Francois de Nome，1593—1644）绘

根据流行的说法,宙斯、波塞冬和哈迪斯三兄弟通过抽签的方式把宇宙瓜分了。哈迪斯得到了冥界(从此以后成了哈迪斯的府邸)。据传,他有时候并不乐意接受自己的命运。那么他到底赢了什么呢?

如果说奥林匹斯山是生命之地(甚至比这还要好):万物更欣欣向荣,食物更鲜美,饮用水更甜美,音乐更入耳,如此种种;比起凡俗世人,诸神更强壮,更俊美,更智慧也更幸福,没有死亡,没有忧愁。那么冥界则与此相反。这里也是生命之地,但情形要差得多。

对凡俗之人来说,冥府只有死亡,因为他们所感受到的只有悲伤。古希腊人对冥府最古老的看法是,除极少数外,死者多少都背负着生之重负,没有激情,没有快乐,过着机械的生活;没有色彩,感觉麻木,与周围的魂灵没有真正的联系或沟通。他们没有力气,没有智慧或活力,易于遗忘。从死亡的那一刻起,他们根本没有丝毫变化——暴死之人身上依然有流血的伤口,而且他们所做的一切都毫无意义。那里没有太阳,他们生活在永久的黑暗之中。

没有哪个英雄据传在地狱里享有更好的生活,也没有哪个违拗神明的人据传在这里受到专门的折磨。只不过一直以来很少有人注意到这一点。冥府与其说是奖惩之地,不如说是类似监狱的囚禁之地,除了把死者与活人的世界隔离开来之外,这里似乎并没有其他的作用。死者待在冥府,据说有时候能知晓人间发生的事情,并给活人以指导;有时候则无知无觉,无能为力。

> 冥界在海洋之彼岸,
> 在深海之下,
> 或在地球之尽头。

在荷马的《奥德赛》里,诸位英雄拿羊血、牛奶、蜂蜜和美酒祭献,召唤那些即将踏入冥府的人,结果各路鬼魂蜂拥而至,争着喝羊血,发出奇怪的喧闹之声,因为羊血可以让他们暂时恢复意识,有能力和活着的人对话。不喝羊血,就连奥德修斯的母亲也无法认出儿子来。阿喀琉斯是特洛伊战争中最伟大的英雄。在《伊利亚特》中他曾宣称,短暂而光荣的一生,远胜过漫长而平庸的一世。他的阴魂告诉奥德修斯,他宁愿为人奴,拉犁耙活着,也不愿当死人的国王。这就是冥府暗无天日的生活的说明,活人世界里哪怕是最卑微的活计都让人心向往之。

这是一种对死亡很奇怪的悲观看法,甚至比审判和惩罚还令人难以接受。令人吃惊的是,伟大的英雄阿喀琉斯死后竟然没有升入福地。如果他都去不了,还有谁可以呢?关于冥界,荷马并非唯一的权威。在别的版本中,阿喀琉斯则在冥府过着比较快乐的生活。随着时间的推移,对于死亡的看法复杂起来,但是这种对于死亡的惨淡看法在古希腊人中一直都是主流。也许这就是他们如此珍视生命、努力创造的原因吧。

当然冥府里并非只有死者,还有很多超自然的居住者。不过这些都是你不愿碰到的。另外,除了男女诸神,被打败的泰坦诸神——也就是奥林匹斯诸神之前的那代神——也被宙斯囚禁在深深的塔耳塔洛斯深渊中,一同关押的还有人类"特殊的囚犯"。

▲ 渡神卡隆根据死者信服的神的不同，而决定把死者渡过冥河或阿刻戎河去

很明显，冥府里的很多神都是抽象的思想和情感的人格化象征，有些地方的名字——尤其是河流——也大都如此。不费劲就能猜出女神尼克斯（夜神）和丽锡河（River Lethe，遗忘河）是怎么回事。不过，古希腊人并没有把冥府看成一个模糊抽象的地方。在他们眼里，冥府是真实存在、确定无疑的地方，可能就在西方、太阳每夜坠入黑暗的某个地方，是大体可以勾画出来的。

关于冥府没有绝对权威的描述。和其他神话一样，冥府也有很多不完整、有时又互相矛盾的说法。不过，主要的部分还是广为接受的。哲学家、神秘主义者和其他构想者有时也会提出自己的想法。

为冥界绘制地图

在《奥德赛》中，航行至地球边界的旅人发现了通往冥府的入口。这里一片黑暗、雾气蒙蒙，长着白杨树和柳树。在这里，冥府的两条河弗莱格桑河（Phlegethon，地狱火河）和科赛特斯河（Cocytus，痛泣之河）汇入第三条河阿刻戎河（Acheron，痛苦之河）。至于三条河的确切交汇地点，不同的版本说法不一。不过，有人确认，这几条神话中的河流是真实存在的。例如，现实中的阿刻戎河在希腊西北部，最显著的特点是上游流经峡谷，这也是它与冥府相接的证据。在冥府中，河流随处可见。

初到哈迪斯（有时候被称作"波吕代蒙"，即接纳死者之人）府邸的人，会受到不同人的召唤，会被送到斯迪克斯河（Styx，即冥河）或阿刻戎河的近处岸边。在这里他们要给冥府渡神卡隆付费，这样他才会用船把他们送

冥府的河流

河流是冥府的重要地貌，共有6条，每一条都有明显的象征性，有的还有实际的功用。

冥河（憎恶之河）是界线，按要求把冥府界内、界外之人区分开来。一旦跨过冥河，你就跨入了死人的国度。在有的神话故事版本中，冥河最终注入冥府之湖中。有的作者把这条河安置在北部阿卡狄亚的柴尔莫斯群山中。用这条河中的水发的誓是非常神圣的。

丽锡河（遗忘河）的水会让死者忘记过往经历。不过，在《奥德赛》关于冥府的描写中，死者还保留着记忆。

在有的记载中，死者被摆渡过阿刻戎河（痛苦或呻吟之河）就算过了冥河。在希腊西北部这是一条真实存在的河流，从特西普罗忒安群山流出，中途有科赛特斯河汇入，最终流入大海。

在神话中，科赛特斯河（痛泣之河）和弗莱格桑河（火焰之河，又称作地狱火河）流入阿刻戎河。

奥德修斯把船停靠在环绕世界的奥希阿纳（Oceana）河的浅滩上，然后去找死人说话。这条河位于冥界的东边。

> 传说，在弥留之际，灵魂从肉体分离出来，被送往冥府门口。

到冥府去。所付费用是一欧宝（obol）。古希腊人被埋葬的时候，舌头下都会压一个欧宝。否则，死者将无法支付渡船费用。拿不出钱的人会被丢在河岸上，如果不能躲过看门人、偷偷从后门溜进冥府，他们就得永远漂泊无依。人死后不埋葬是亵渎神明的行为。奥德修斯在冥府外和召集起来的死者谈话时，就受到那些未被掩埋将士灵魂的指责。

据传，男女各路神明以及神话中的动物有时候也会住在冥府入口处，而且这里还有一棵结着虚幻梦境的榆树。

在冥河（或阿刻戎河）的对面河岸上住着刻耳柏洛斯（Cerberus）。他是冥府的看门狗，长着好几个头。在多数的版本中，他长着三个脑

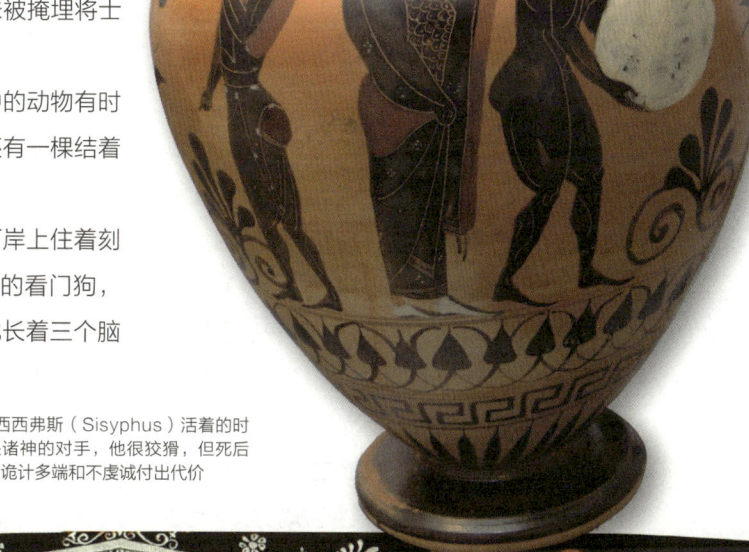

▼ 古代的花瓶上展示着冥府各式各样的神话人物，中间是冥界的王哈迪斯和王后波尔赛福涅

▶ 西西弗斯（Sisyphus）活着的时候是诸神的对手，他很狡猾，但死后却为诡计多端和不虔诚付出代价

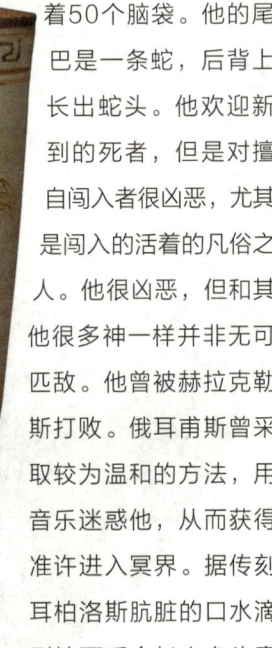

袋,但是诗人赫西俄德说他长着50个脑袋。他的尾巴是一条蛇,后背上长出蛇头。他欢迎新到的死者,但是对擅自闯入者很凶恶,尤其是闯入的活着的凡俗之人。他很凶恶,但和其他很多神一样并非无可匹敌。他曾被赫拉克勒斯打败。俄耳甫斯曾采取较为温和的方法,用音乐迷惑他,从而获得准许进入冥界。据传刻耳柏洛斯肮脏的口水滴到地面后会长出乌头毒草,而且他的长相让人无法忍受,只要看一眼,人就会变成石头。他主要的职责是不让里面的死人出去。

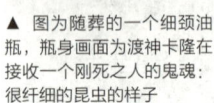

▲ 图为随葬的一个细颈油瓶,瓶身画面为渡神卡隆在接收一个刚死之人的鬼魂:很纤细的昆虫的样子

在很多故事版本中,死人进入冥府之后,会见到端坐着的米诺斯①(Minos),拉达曼迪斯②(Rhadamanthus)和埃阿科斯③(Aeacus)。前两位是克里特岛曾经的国王,以法治与智慧闻名(有可能都是宙斯的儿子)。埃阿科斯是宙斯与凡人生的儿子,活着的时候因公正而闻名。这三位据传都是冥界的判官,不过他们真正的职责和重要性并不明确。有说法认为,拉达曼迪斯只解决死人之间的争端,并不对他们进行审判。

只有特别邪恶之人和功绩卓越之人才会受到判官们的特殊对待,多数死者都会受到不偏不倚的对待。至少在早些的故事中,重点都取决于死者和诸神之间的关系上:只有那些公然触犯他们的人才算足够邪恶,会受到永久的惩罚,只有那些特别好的人,如父母一方为神的英雄,才会被发往好些的地方。有的英雄事迹显赫,远远高于其他的人,却和这些人被判在一起,所以审判似乎具有任意性。

审判后,多数死者被发往水仙平原(Plain of Asphodel)。对这个地方的描述各不相同。虽然这个地名让人眼前一亮,但这里突出的特点却是枯燥、凄凉,毫无特色可言。受到惩罚的要么留在冥府,要么被发往塔耳塔洛斯深渊,而受到表彰的则有可能前往极乐世界或福佑之地(这两处有可能是一个地方)。

确切地说,塔耳塔洛斯深渊并不在冥府(至少有些版本这样认为)。在荷马的《伊利亚特》中,宙斯曾说塔耳塔洛斯在最深的深渊里,远在冥府之下,就像大地远在天空之下一样。出于保护也好,惩罚也好,这里最初囚禁着泰坦诸神。

▲ 苏格拉底和追随者们认为,美德与哲学可以令人在来世得到褒奖

---

① 古希腊神话中克里特岛的王,死后做了阴间的法官。——译者注
② 冥府三判官之一,铁面无私的法官。——译者注
③ 宙斯与埃癸娜之子。冥府三判官之一。——译者注

后来才开始关押严重冒犯过神的凡人。

受到特别惩罚的人中包括坦塔洛斯（Tantalus），从他受惩罚的原因，演变出英语"招惹"（tantalise）一词。他恶行昭著，花样翻新，似乎有意激起诸神愤怒。最为出名的是，他竟然挑战诸神的全知全觉：他把儿子杀死炖了，让诸神享用。德墨忒尔因为女儿波尔赛福涅被绑架而神情恍惚，吃了一点肩膀处的肉。除了她之外，所有的神都察觉到了。坦塔洛斯还被指控偷了诸神享用的美食与甘露。此外，他还把神说的话往外传，并对神撒谎。如此种种，使他受到了永远忍饥挨饿的惩罚：立在水中，水漫到下巴处，水果悬在他上方刚好够不到的地方。换句话说，他这是在承受逗弄。

西西弗斯同样犯下各种罪行，如谋害客人。这是一种严重的亵渎。客人受诸神保护，主人对客人应尽宗教义务。最为糟糕的是，他曾告发宙斯的一次风流韵事。仅仅为了证明什么，他就欺骗了塔那托斯（Thanatos）和哈迪斯，还曾欺骗过死神。因为这些不虔敬的行为，他被判处往山上推巨石。巨石刚到山顶就会滚落下来，如此往复，永无止境。这就是词语"Sisyphean"一词的由来，意思是徒劳的，无果的。

可以猜出，最为恶劣的罪行是藐视或侮辱神，这样的不虔敬之人会受到特别的惩罚。在现代意义上，这种审判更具宗教性而并非明确的道德性，而且常常与故事严丝合缝，融为一体。

> 据传，男女各路神以及神话中的动物有时候也会住在冥府入口处，而且这里还有一棵结着虚幻梦境的榆树。

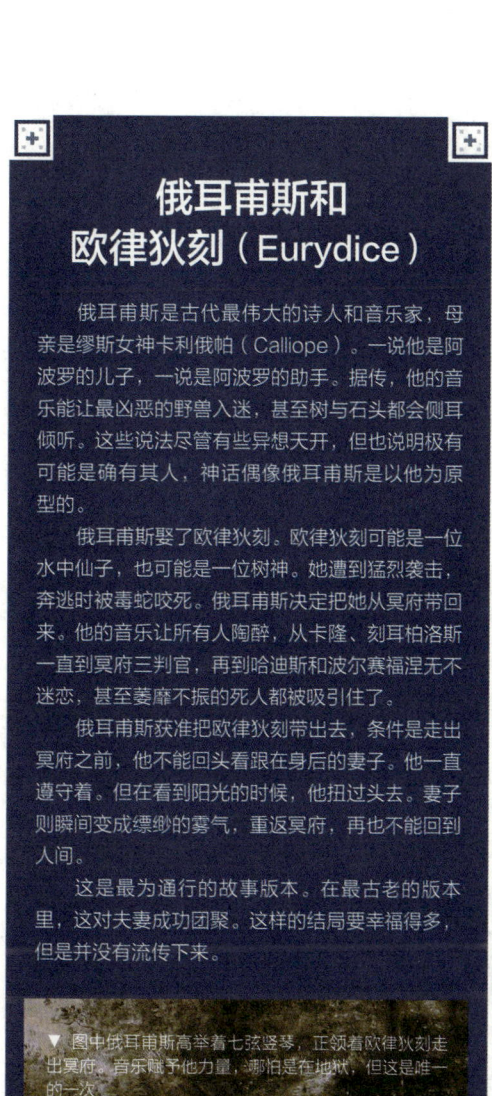

俄耳甫斯和欧律狄刻（Eurydice）

俄耳甫斯是古代最伟大的诗人和音乐家，母亲是缪斯女神卡利俄帕（Calliope）。一说他是阿波罗的儿子，一说是阿波罗的助手。据传，他的音乐能让最凶恶的野兽入迷，甚至树与石头都会侧耳倾听。这些说法尽管有些异想天开，但也说明极有可能是确有其人，神话偶像俄耳甫斯是以他为原型的。

俄耳甫斯娶了欧律狄刻。欧律狄刻可能是一位水中仙子，也可能是一位树神。她遭到猛烈袭击，奔逃时被毒蛇咬死。俄耳甫斯决定把她从冥府带回来。他的音乐让所有人陶醉，从卡隆、刻耳柏洛斯一直到冥府三判官，再到哈迪斯和波尔赛福涅无不迷恋，甚至萎靡不振的死人都被吸引住了。

俄耳甫斯获准把欧律狄刻带出去，条件是走出冥府之前，他不能回头看跟在身后的妻子。他一直遵守着。但在看到阳光的时候，他扭过头去。妻子则瞬间变成缥缈的雾气，重返冥府，再也不能回到人间。

这是最为通行的故事版本。在最古老的版本里，这对夫妻成功团聚。这样的结局要幸福得多，但是并没有流传下来。

▼ 图中俄耳甫斯高举着七弦竖琴，正领着欧律狄刻走出冥府。音乐赋予他力量，哪怕是在地狱，但这是唯一的一次。

死亡愉快的一面

尽管冥界恐怖、阴森，诸神严肃、可怕，古希腊人偶尔也会戏弄一番，连哈迪斯的冥府也不放过。

在阿里斯托芬的喜剧《蛙》（公元前405年）中，酒神狄奥尼索斯来到冥界，要把死去的雅典剧作家带回来，但还没有决定要带哪位。因为赫拉克勒斯之前曾去过冥府，于是狄奥尼索斯打扮成吓人的赫拉克勒斯模样，打着手势要求进入冥府。

冥府的著名人物卡隆，脾气非常糟糕的埃阿科斯与旅馆主人和多情的女仆厮混在一起，并不怎么受敬重。狄奥尼索斯自身是一个传统的怯懦人物，埃阿科斯是一个传统的吵吵嚷嚷型喜剧人物。

这样的剧情亵渎神明，很难想象当时的希腊人的震惊程度。但毋庸置疑，这部剧给人们带来了很多的笑声。

尽管是闹剧，但阿里斯托芬却根据传统的观念对冥府进行精确的描述，狄奥尼索斯甚至还遇到了厄琉息斯的歌唱队。

▼ 埃阿科斯活着的时候是伟大的国王，死后成了严厉的判官。在阿里斯托芬的喜剧里被描绘成一个凶神恶煞般的看门人

同样的道理，要想进入极乐世界或福佑之地就要得到神的宠爱。认宙斯为父不会有害处。在一些著名事迹中有英勇行为同样有帮助。

至于塔耳塔洛斯深渊，人们通常认为不在冥府界内，或不受哈迪斯管辖。据传，福佑之地由宙斯和奥林匹斯山诸神的父亲——克洛诺斯统治。而在《奥德赛》中，极乐世界则由拉达曼迪斯统治。不用想，他们的快乐都是很物质的：好的天气，好的食物，不用干活，身处理想的度假地。

也许会有人认为，不该把冥界（包括塔耳塔洛斯深渊、福佑之地和极乐世界）三判官看作是常规过程的一个环节。

或许最好的方法是把他们看作神话情节，就像亚瑟王将死之时被船带到阿瓦隆①只是与故事契合的一个情节一样。并非每次有人死都会有同样的事情发生。这是一种故事收尾方法。

这并不是说古希腊人对死后的正义、惩罚和奖励不感兴趣或压根不想去。大概从公元前6世纪起，关于死的话题开始越来越多地引起人们的兴趣。但在传统的故事与信念中这似乎只是个例外，而并非一贯如此。这个话题并没有得到很好的发展。

话说回来，冥府是一个庞大的监狱，对于死而无罪的人来说，几乎人人都在受着同样的判决。这就是故事中冥府通常由很多个大门、钥匙

---

① 亚瑟王传说中的重要岛屿，凯尔特神话的圣地，古老德鲁伊宗教的中心信仰，是亚瑟王最终的栖息地，是彼世中的极乐世界。——译者注

> **冥府是一个庞大的监狱，几乎人人都在受着同样的判决。**

和锁的原因。毕竟,就算是冥后波尔赛福涅也可以说是一个囚徒,尽管她住在冥界最宜人的区域——即哈迪斯阴沉但辉煌的宫殿里。

更复杂的情况和更多的正义

把死后的生活看成是没有人情味、毫无区别的老观念受到来自各种宗教运动——如信奉俄耳甫斯和狄奥尼索斯的异教团体和厄琉息斯秘密仪式(Eleusinian Mysteries)——的冲击。如柏拉图这样的哲学家也开始给死后的生活加入道德的维度,并对凌乱的传统信仰进行仔细审查。

哲学家对冥界的描述可能会比较抽象,而一些异教团体则会更加具体。如刚入冥界者该做什么,去哪里;不要喝遗忘河里的水;要在此处右拐;要念咒语,如此等等。人们已经发现一些文本,似乎不仅仅是冥界的行动指南,而且还是得

▲ 图为埃莱夫西斯的"启动大厅",和帕提侬神庙建于同一时期,是厄琉息斯秘密仪式的重要举行地点

到特殊待遇的通行证。随便提一个,如优先渡河权等。异教团体成员很可能埋葬时都会有这些东西,以便他们到冥府时出示。

▲ 据传,米诺斯、拉达曼迪斯和埃阿科斯是审判死者的判官。三位在活着的时候都是著名的立法者

厄琉息斯秘密仪式主要是祭祀德墨忒耳和波尔赛福涅，发源地在离雅典不远的埃莱夫西斯。这是一种古老而且非常隐秘的祭祀仪式，会向参与者承诺死后过上幸福的生活，而不会去阴森森的冥府。俄耳甫斯异教团体，以音乐家俄耳甫斯为祭祀对象，狄奥尼索斯异教团体则以酒神和戏剧之神为祭祀对象。同样，两者都向成员承诺死后会过上更加幸福的生活。

这些活动所共有的是对冥府的一种观念，这种观念远比过去的那个要复杂。死后会怎样有多种可能性，有很多地方可以去。美德会受到奖励，恶行会受到惩罚。对于死后的生活人可以施加影响，而不仅仅像撞大运一样指望与宙斯攀上关系。当然，如果你想受到奖励，成为一名虔诚的异教团体成员也同样管用。

话说回来，柏拉图在《斐多篇》中记述了老师苏格拉底最后的日子，对同一主题采用了更为哲学的表述方式。根据柏拉图的说法，苏格拉底（死于公元前399年）曾说过，那些力求正直地活着和那些通过哲学净化自身的人死后就可以从地球的牢狱中解放出来，抛开躯壳，在非常神奇、难以描画的地方生活。这是更高级的神秘主义。值得一提的是，在柏拉图的笔下，苏格拉底还谈到了冥府的传统地标。这是老传统借以流传的标志，只是正在发生变化而已。

▲ 塔耳塔洛斯活着的时候激怒过、侮辱过神，死后为此付出了代价

▲ 冥府凶恶的看门狗刻耳柏洛斯有3个头还是50个头呢？

▲ 图为冥府统治者哈迪斯在注视着自己的疆域

死亡之神

除了极个别的例外,冥府里的神很怪异、冰冷、阴暗,压根不可爱,还很吓人,但他们无一例外都职责在身。

哈迪斯: 冥府统治者

哈迪斯是兄长,与宙斯、波塞冬处于同等地位。他是冥府之主,死人的国王,在奥林匹斯诸神中属于最重要的神之列。他不大受人敬奉或尊崇,在各种故事中也很少是主角。实际上,古希腊人不喜欢他,甚至不愿提他的名字,因为嫌不吉利。人们会用各种替代说法和委婉语,而不会直接提他。

别的先不说,他是冥王,很富有。身为地球之神,他帮助谷物生长,储存珍贵的金属和矿物,而且是财富的创造者。不过有点讽刺意味的是,他是"接受众人者"(Polydegmon,热情好客者),因为所有人死后最终会来找到他;还是闩门人(Pylartes),因为一旦你成了他的客人就再也无法离去。人们憎恨哈迪斯所代表的一切,但并不认为他邪恶。他不是魔鬼,而是一个多少有点聪明但很严厉的典狱官,而且对正义感兴趣。千万不要小觑他的权力,想欺骗他或从他那里逃走是很危险的。众所周知,冥界是哈迪斯的家园,不过在有的故事中,他很不情愿住在这里。据说宙斯、波塞冬和哈迪斯瓜分天下时,冥界不是他想要的地盘。哈迪斯的字面意思可能是"未曾见到的"。

桑纳托斯：取人灵魂者

当生命之线经过命运女神摩伊拉纺织、切割、测量，将要终结之际，桑纳托斯（死亡之神）就会出现。他是死亡的化身，是古希腊人眼中的"狰狞收割者"。

他是尼克斯（夜神）的儿子，许普诺斯（睡神）的孪生兄弟。欺骗他是很危险的事情，而且几乎无人能得逞。赫拉克勒斯一如既往是个例外，他是唯一一个打败死神的人。西西弗斯虽然成功骗过了桑纳托斯，却受到惩罚，终生忍受折磨。

赫卡忒（Hecate）：生育和巫术女神

赫西俄德认为，赫卡忒仁慈，天赋秉异，属最为重要的神之列。在罗兹岛的阿波罗尼乌斯版本的《伊阿宋与阿尔戈英雄》(Jason and the Argonauts）故事中，她非常令人敬畏。

这在一定程度上说明了古希腊人如何看待冥府、死亡和生育之间的关系。这同样说明了古希腊神话的多样性与相互矛盾性。赫卡忒与地狱的魔法、巫术、鬼魂、草药及毒药有关联，喜欢夜晚和没有人的地方。

不过，据说赫卡忒是德墨忒尔和波尔赛福涅情投意合的朋友，曾帮助她们进出于冥府。

斯迪克斯（Styx）：河之女神

斯迪克斯（字面意为"憎恶"）住在冥界用银柱子搭建的宫殿里。在对战泰坦神的战斗中她曾帮助过宙斯，因此备受宙斯尊敬。她是冥河的统治者。冥河发源于阿卡狄亚的柴尔莫斯群山，直接流入冥界，在这个死亡国度里环绕七次。出于尊重，宙斯宣布喝冥河的水所发的誓概不能毁弃，否则，即便是神也会受到严厉的惩罚。斯迪克斯据说是俄亥阿诺斯和特提斯的女儿。

尼克斯：夜之神

尼克斯是最古老的古希腊神，诞生于原初的混沌中。她生了很多最主要的男女神，他们通常都很吓人，很多都没有生父。他们中有冥府重要的神，如桑纳托斯，还有与死亡有各种关联的神们，如许普诺斯（睡神），俄尼里伊（梦神），纳米西斯（报应女神），莫罗斯（命运之神），卡尔（厄运之神），以及格拉斯（衰老之神）。宙斯想把许普诺斯驱赶出奥林匹斯山，尼克斯公然反对，并获得成功。尼克斯是不可轻视的神。

摩伊拉：命运的守护神

有能对抗甚或否决宙斯的神吗？能这样做的应该只有摩伊拉（命运分配者），这当然取决于你接触到的是哪个版本了。

摩伊拉——在英文里通常叫作命运三女神——比奥林匹斯诸神要古老得多。在人们眼里，她们决定着、至少记录和监督着个人的命运和大事走向。人一生下来，她们就会测算出你的寿命和你的运气。尽管不是那么明确（有时候在各种神话中还相互矛盾），但她们似乎并不下什么断言，所说的话似乎只是对宇宙平衡和秩序的客观表达。还有两个问题仍不够朗，即诸神是否完全听从于她们的指挥，她们能否改变命运。这两方面都不乏事例。

克洛索（命运编织者），拉刻西斯（生命长短分配者），阿特罗波斯（斩断命运者）经常被描绘成老女人，一个为人的生命编织生命线，一个测量生命线，一个斩断生命线。象征意义非常清楚，不过她们各自的角色和能力依然模糊。

在人们眼里，她们很严肃，上了年纪，而且不容易被说服，但据说在一个故事中，阿波罗曾说服她们，把她们灌醉了。

波尔赛福涅：冥后

波尔赛福涅是宙斯和德墨忒尔的女儿，最初和母亲一样是女神。被哈迪斯绑架后，她就住在了冥府，不过只是部分时间待在那里。哈迪斯说服弟弟宙斯——而不是姐姐德墨忒尔——让他娶了波尔赛福涅。他在战车里牢牢地抓着她，把她带到了冥府。德墨忒尔最终找到了女儿，却被告知：如果波尔赛福涅在冥府里什么都没有吃，她就可以带回去。可是波尔赛福涅已经吃了一些石榴籽。于是宙斯做出让步，让波尔赛福涅嫁给哈迪斯，每年有4—6个月（关于这一点，说法不同）和他生活在一起，做冥府的王后，其他时间则在阳间度过。在其他以波尔赛福涅为主要人物的神话中，并没有提到她不愿做冥府的王后，而是与哈迪斯夫唱妇随。

波尔赛福涅是最富有寓意的神之一，她在冥府的时光象征着冬日万物暂时死亡，而她在阳界的时光则象征着每年谷物生产恢复。

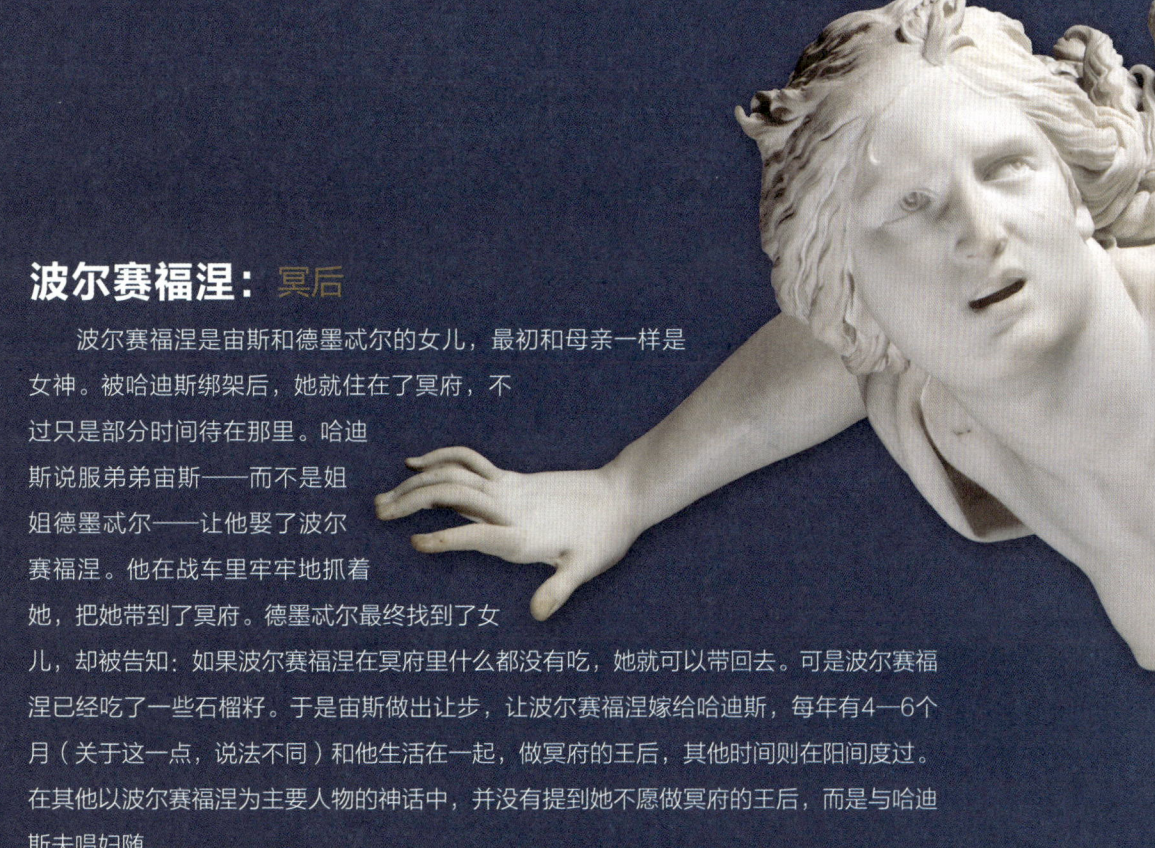

卡隆：脾气坏的渡神

卡隆是厄瑞玻斯（黑暗之神）和尼克斯（夜之神）的儿子，负责接收刚死去的人的灵魂，并送他们渡过冥河（或阿刻戎河），进入冥府。在人们的心目中，他是一位脏兮兮的老人，贪婪而且脾气不好。他作为渡人的身份很卑微，但他很重要，很受尊敬；如果你拿不出一欧宝的费用，就得永远在冥河或阿刻戎河的河岸上游荡。因此，古希腊人埋葬死人时会在其嘴里塞一个硬币，除非死者身无分文，无亲无友。

卡隆具有象征意义：无论活着时是什么状态，无论有多富有或多辉煌，你能带往冥府的只有助你渡河的那个硬币，而且你要把硬币送给这个坏脾气且地位低下的老人，你在他的掌控之中。

卡隆并非总能随心所欲。赫拉克勒斯曾强迫他送自己过冥河。之后，哈迪斯惩罚卡隆，用链子把他拴了一年。

古希腊传说

对生活在古希腊的人来说，
我们今天依然在讲的神话不仅仅是故事，
还是他们的社会、文化和生活不可分割的部分。

众多古老的文化中，多数都有自身古老的神话。从北欧神学中威力强大的奥丁神①和托尔神②，到埃及宗教中有动物形象，但这些都不如古希腊神话中的故事与英雄经久不衰。古希腊神话里神明众多，有男神，美丽的女神和英雄，他们威力强大，曾征服过最可怕的野兽。神话中也有劝诫故事，讲述男男女女如何在神的引导下在黑暗的道路上摸索。这些神话很受欢迎，即使基督教兴起后也无法压制。

神话对古希腊人同样重要。神话给众多不同的部落提供了共同的历史、英雄和信仰，把各部落团结成一个民族。这不仅有助于向外传播古希腊语，还有助于社会的发展，回答关于人置身宇宙之中以及地球何以如此的宏大问题。神话不再是简单的虚构故事，而成了古希腊人生活方式不可分割的部分，触动着他们社会的方方面面。

从人们早上醒来到晚上入睡，神话无时不在，成了古希腊跳动的心脏。

和几乎所有的神话、故事和传奇一样，古希腊神话起源于口述传统。在青铜器时代的克里特文明与迈锡尼文明时期，人们普遍读数识字能力不强，故事只能由游吟诗人口授给听众。关于口述传统是怎样发展起来的，我们所知甚少。故事极有可能经过了更多的润色，在各个地区经历不同的演变。也有可能口述故事有着严格的规定。直到公元前8世纪这种口述故事才被记录下来。古希腊神话早期最为著名

> 在古希腊神话中，女性通常被描述得很不好。罪恶被放到人间，人类最初的女人潘多拉难辞其咎。

---

① 北欧神话中的神，司战争、诗歌、知识和智慧。——译者注
② 北欧神话中司雷、战争及农业的神。——译者注

▲ 最著名且深受喜爱的古希腊神话是"特洛伊战争"

依菲琴尼亚（Iphigenia）和特洛伊战争

依菲琴尼亚是阿伽门农和克吕泰涅斯特拉（Clytemnestra）的大女儿。她的父亲阿伽门农是国王阿特柔斯（Atreus）的儿子，希望在特洛伊战争中战胜特洛伊人。她本来应该过上幸福的生活。但是她的父亲杀死女神阿尔忒弥斯的一只神鹿，她的人生出现了转折。

女神很生气，生气到阻止住所有的风，让阿伽门农无法出海参加特洛伊战争。按随军预言家卡尔克斯（Calcus）的说法，问题非常好解决：牺牲依菲琴尼亚，弥补阿伽门农犯下的错误，安抚女神。

阿伽门农却告诉妻子和女儿，等依菲琴尼亚嫁给伟大的希腊英雄阿喀琉斯之后，全家就出发跨越爱琴海。于是一家人高高兴兴地朝口岸城镇奥利斯（Aulis）出发了。可是刚一到，他们就发现了真相：依菲琴尼亚是前来受死的。阿喀琉斯试图阻止，可是依菲琴尼亚知道自己必须死，于是把刀插进胸膛，为父亲还了债。

有的版本中说，恰在这个时候，阿尔忒弥斯用一个小孩代替神鹿，救了她一命。这个故事的寓意很简单：神大权在握，必须予以尊重。

▲ 依菲琴尼亚后来成了阿尔忒弥斯的女祭司

的书面来源是荷马的史诗：《伊利亚特》和《奥德赛》。分别讲述了特洛伊战争和奥德修斯的故事。古希腊神话另一个书面来源和基础是赫西俄德的《神谱》和《工作与时日》。这些作品关注神的起源以及人的初造。从此，神话的表现与复述开始蓬勃发展。英雄和怪兽、缪斯及诸神之间有着艰苦卓绝的斗争，神话场景和故事中的象征性的事物被画在各种陶器上。这些也是讲述故事的方法，很受欢迎，随身可带，不需要听故事的人识字，非常有助于神话向更远的地方传播。

很多最为著名的神话，如赫拉克勒斯的磨难都是在陶器上而不是在文学文本中被发现的。同样的故事，很多的陶器画都要先于记录的文学版本。就这样，神话开始渗透到古希腊文明中。像帕台农神庙、阿波罗神庙和宙斯神庙这样的公共建筑上，全都装饰着取自神话、煞费苦心雕刻的塑像和人物图像。关于英雄和怪兽的故事可不是单供消遣的，而是古希腊文化与文明的核心和关键部分。在公元5世纪，深受喜爱的神话借助悲剧作家埃斯库罗斯（Aeschylus）、索福克勒斯（Sophocles）和欧里庇得斯（Euripides）的作品，在舞台上获得重生。神话和传说中的人物被活生生地搬上舞台，呈现在数千名热切的观众面前。这些故事他们虽然已经听了很多遍，却依然把剧场塞得满满当当。对古希腊人来说，神话超越了宗教，超越了娱乐，已经深入了他们生活的方方面面。不能说每个古希腊人都追捧神话，但是即便是在今天，神话在社会中的重要性，在

他们为了精神去探索，很快开始质疑世界的本质。

▲ 伊卡洛斯（Icarus）是狂妄自大的牺牲品，他朝太阳飞去，蜡做的翅膀融化，结果坠落身亡

珀耳修斯和美杜莎

阿克里修斯（Acrisius）是阿哥斯（Argos）国王，因为没有儿子而烦恼，于是去特尔斐神庙找祭司。然而，女祭司却告诉阿哥斯，未来的孙子将会杀死他。他被预言吓怕，于是把女儿达娜厄（Danae）囚禁在地下的一个房间里。然而，宙斯变成金雨水，穿墙而过，致使达娜厄怀了孕。阿克里修斯急于除掉外孙，于是把刚出生的珀耳修斯和达娜厄赶往海上。于是，两人被海水冲到了塞里福斯（Serifos）岛上。

珀耳修斯长大了，岛上的国王波吕得克忒斯（Polydectes）开始向达娜厄求欢。但是他知道达娜厄有珀耳修斯保护，根本无法接近。于是他派珀耳修斯执行一项危险的任务：去取蛇发女怪美杜莎的脑袋。关于美杜莎的故事版本很多，但多数都把她描绘成一位美丽的少女，因为受到雅典娜惩罚，变成了怪兽，以活蛇为发。人只要看她一眼，就会变成石头。珀耳修斯向雅典娜和赫耳墨斯寻求帮助，于是他们给了他带翅膀的便鞋、一项隐身的帽子和一个带镜子的盾牌。珀耳修斯借助带镜子的盾，不用直视美杜莎就接近了她。他砍下美杜莎的头，完成了任务。他接下来把美杜莎的头当作武器，将波吕得克忒斯变成了石头。

文化中的重要意义也是清晰可见的。

和多数宗教与神话相同，古希腊神话立足于回答一些事关人类存在的很深刻的问题，最为著名的有，我们从哪里来？谁创造了世界？对于这些问题，古希腊人用虚无、空洞的"卡俄斯"来解释，盖亚（地母）和其他诸神皆从"卡俄斯"中诞生。接下来，是不断上演的父子夺权故事，这与父系社会里继承人和继承权的故事不无关联。这些故事本身尽管是虚构的（如克洛诺斯为了不让后代夺权而吞掉自己的孩子），但是其主题与道德是相关的，古希腊神话在民众中得到广泛传颂很有可能与这个有关。

古希腊人的社会由哲学与科学引导。他们为了精神去探索，很快开始质疑世界的本质。这就是为什么那么多古希腊神话都解释自然现象的原因。尽管神话远谈不上科学，但是给一个好奇的民族提供了解释自然主要现象的答案。例如，把太阳东升西落解释成赫利俄斯驾着战车驶过天空；地震是海神波塞冬把三叉戟插进了地面。有的神话解释了回声、彩虹、星群以及季节轮回等现象。就连时间的本质也被编入神话，说赫利

> 怪兽的母亲是半人半蛇的埃凯德娜。埃凯德娜的丈夫堤丰是一条龙，长着100个头。

俄斯有350头牛，来对应一年中的每一天；月亮女神塞勒涅有50个女儿，代表每四年举行一次的奥林匹克运动会的50个农历月份（这就是古希腊人标注时间的方法）。古希腊神话用这种方法给未知的自然现象提供了解释，随着古希腊语的发展，各种神话逐渐交织起来。

是否绝大多数希腊人绝对相信神话所做的解释还有待探讨。我们确实知道的是，到了公元前6世纪，哲学家已经开始怀疑这些神话，开始对自然奇迹做出科学、理性的解释。不过，这并不能阻碍神话的广为传播，因为神话在整个古希腊社会引起了强烈反响。在某种程度上，道德训诫构成每一个古希腊神话的基础。写神话不是为了娱乐，而是要达到训诫和警告的目的。有趣的是，古希腊诸神与其他宗教的神不同，都是有缺点的。戏剧的核心关涉的不是神而是真实的人：他们相爱、嫉妒、争斗、犯错。例如宙斯的妻子赫拉，她对丈夫的风流韵事怀恨在心，妒火中烧。然而，她仇恨的对象不是出轨的丈夫，而是跟他有染的女人们。爱神阿弗洛狄忒为了得到最美女神的名衔，贿赂帕里斯，答应事成之后把世界上最漂亮的女人给他。帕里斯做到了，于是阿弗洛狄忒把海伦给了他，从而引发了特洛伊战争。这些故事与其他更多相似的神话都具有劝诫意义，告诉听故事的人如何避开可怕的命运摆布，过好自己的生活。还有国王迈德斯（Midas），他希望把所有触碰到的东西变成金子，结果却差一点被饿死。这个故事表现了贪婪的危险与邪恶。傲慢（Hubris），是过于骄傲和自大的罪恶，在古希腊人眼里是一个至关重要的道德概念。这些故事警示大众不要走极端，强调了适可而止的重要性。这个社会还相信，体力与智力在比赛与运动中应该占有同等重要的地位。

▼ 最吓人的怪兽是斯芬克斯（Sphinx）。他会提出很刁钻的问题，回答不上来的人就会被他吃掉

珀加索斯

珀加索斯之所以出名，可能是因为他在迪士尼出品的《赫拉克勒斯》中所起的作用。他的故事比你想象的要阴暗些。蛇发女妖美杜莎最终被英雄珀耳修斯找到，在她的头被砍下的那一刻，一匹长着翅膀的马从血液中奔腾而出——珀加索斯就这样诞生了。和他一起出生的还有他的兄弟克莱斯勒（Chrysaor）。后者常常被描画成巨人或带翅膀的野猪。

关于珀加索斯生下来之后的描述并不多。后来雅典娜接管并驯服了他，对他进行训练。他住在奥林匹斯山豪华的马厩里，同住的还有给赫利俄斯、波塞冬和宙斯拉战车的战马。实际上，宙斯是利用有双翼的珀加索斯把雷电带到战场上的。

不过，与珀加索斯关联最大的是柏勒罗丰（Belleronphon）的故事。这位英雄想杀死吐火的奇美拉，发现从空中袭击会更容易些。柏勒罗丰听从预言家的建议进行祭祀，就这样珀加索斯出现了。然后他骑着这匹马杀死了奇美拉。胜利后，柏勒罗丰骑着珀加索斯到奥林匹斯山拜见诸神，但是宙斯对这种擅自做主的行为很反感。于是他派一只苍蝇去叮珀加索斯，珀加索斯尥起后蹄，把柏勒罗丰甩了下来，摔到地上。

他们的神话一遍又一遍地表明，任何事情过了度，就会朝不好的方向发展。

欣赏古希腊神话的现代人主要是迷恋男女诸神的故事，而当时的观众最爱看的是那个英雄辈出的时代：在这个时代，作为舞台主角的是凡俗之人，他们进行艰难的斗争，突破万难，最终成就伟大。很多像赫拉克勒斯和阿喀琉斯这样的英雄缩短了神与人之间的距离。

他们有为神的父母，却有着凡人的缺点。他们神奇的冒险故事不仅仅是为了娱乐，更是为了表现某些至美品质所带来的福佑。在赫拉克勒斯的故事中，他通过拼搏，勇敢地建立起12项功绩，表现出超人的力量。而在更深的程度上，表现的是不屈不挠的精神。奥德修斯的妻子佩内洛普（Penelope）表现出忠贞的品质，一心一意等待打仗的丈夫归来。她拒绝诸多追求者，一直等到丈夫回来，然后他们共同幸福地生活了很长时间。在一个认为女人隶属于男人的社会中，这个故事向女人们传达出一个很清晰的信号：要忠于配偶，通奸和强奸一样恶劣。

在很多情况下，古希腊神话某些主题会频繁出现，并随着古希腊风俗的发展而发展。不仅是希腊社会受到神话影响，神话也会随社会变化做出反应和调整。两者紧密关联，相互作用。古希腊文化在发展、演变，神话也同样在发展、演变。

古希腊神话一个典型之处是频繁出现怪兽。这些怪兽都是没见过的，吓人且怪异。奥德修斯在路途中曾遇见一只眼的独眼巨人，赫拉克

◀ 柏勒罗丰骑着珀加索斯杀死奇美拉

▲ 在古希腊神话中经常会见到小仙女。她们通常与自然景物有关

勒斯曾必须打败多头蛇怪,有看她一眼就能把人变成石头的蛇发女妖美杜莎,还有看守冥府大门的各种魔怪。这些怪兽往往比英雄更容易让人记住,关于怪兽的吓人描述凸显出任务的艰巨性,并通过最终获胜来表现英雄们的勇敢和足智多谋。很多怪兽都是各种动物的混合体,非自然中常见,而且很骇人。一个突出的例子就是奇美拉。它会吐火,长着狮身、羊头和蛇尾,代表着混乱与无厘头。英雄们打败了怪兽,从而维持了事物的自然秩序。这种现象同样体现在希腊社会现实中,人们制定严苛的刑法,高度重视法律与秩序,凡打破社会秩序,或违反规定者都会受到严厉制裁,要么遭到驱逐,要么被处死。

对这些可怕怪兽的另一种解释是,它们代表着古希腊人所不了解的未知世界。外出的人见到了不熟悉、或许还有一些骇人的事物,这些也许就是神话中那些怪异但又多少可辨的怪兽的来源。克里特岛上米诺斯国王的宫殿规模宏大、四处蔓延,在造访的古希腊人眼里也许就是一座迷宫。克里特岛上"斗牛"的场景和对牛的崇拜很盛行,这就是神话中长成牛样的米诺陶被神秘笼罩的原因。在神话中,冲上去和这个怪兽搏斗的是一个造访的雅典人,这似乎不仅仅是一种巧合。这些怪兽通常安身于遥远的地方,比如召唤着海员走向死亡的海妖塞壬(Sirens)住在小岛上。这是可以理解的:一个正在探索外部广阔天地的民族,会觉得外面的世界充满危险和奇怪的景象,

> 哈迪斯常常被看作是邪恶的,其实严格地说事实并非如此。他和宙斯是兄弟,按抽签结果,分管着阳间和冥府。

▲ 那西索斯（Narcissu）是一位英俊的年轻人，他迷恋上了自己的影子。这个古老的故事告诫人们要摒弃虚荣

于是用神话加以描述。

无论在古希腊人眼里是事实、传说还是简单的故事，古希腊神话都渗透到了人们生活的方方面面，不仅赋予艺术、雕刻和诗歌以灵感，而且对古希腊人来说还是重要的生活启示和警示。社会与神话密切相关，不可分割，一方的发展势必会影响到另一方。这样看来，古希腊神话无论是否源于真实事件，都在告诉我们，创造神话的是什么样的文化，人们有什么样的疑问，他们对世界的看法、价值观以及社会的发展状况。

斯库拉

环绕古希腊航行时要小心，因为你可能会碰到海怪斯库拉和附近的水妖卡律布迪斯（Charybdis）。斯库拉长着12条摇摆不定的腿，6个脑袋和3排尖利的牙齿，不能小觑。在荷马笔下，她的声音像疯狂的狗吠声，但她并非一贯如此不雅。

根据古时期后期作家的记载，斯库拉曾经是美丽的小仙女，深受海神格劳科斯（Glaukos）的迷恋和喜爱。但是在神话里，好的事情总是不长久。对斯库拉嫉妒不已的情敌女妖赛丝（Circe）出现了。她把斯库拉变成一只怪兽，让她从此声名狼藉。不过，对此，早期的作家并不认同。他们认为斯库拉生于怪兽家族，天生就是怪物。

斯库拉之所以出名可能源于荷马在《奥德赛》中对她的描写。在第12章中，有人警告英雄奥德修斯，说斯库拉住在一个岩洞里面，叫喊不止。那个人说，"没有谁能见到她后还能继续快活下去。她藏身在齐腰深的岩洞深处，头时不时地从可怕的洞里伸出来。"然后接着解释道，没有谁能安然无恙地航行过去，因为"她会把人从黑色的船头抓去，带走"——而且她有6个头，一个头抓一个人。

斯库拉不仅仅招惹奥德修斯，还找伊阿宋和他的阿尔戈英雄的麻烦，还让埃涅阿斯[①]（Aeneas）烦恼不已。但是她的末日来临了：赫拉克勒斯奉命前来杀她。幸运的是，他成功了。

---

① 特洛伊战争中的勇士。——译者注

▲ 图为没有被赛丝变成魔兽时的斯库拉

古希腊神话的教训

很多古希腊神话都负载着道德寓意与教训，聪明的古希腊人会从中学习。

古希腊世界充斥着各种各样的男女诸神。有的神很温和，而有的则很残忍。几乎所有的神都是凡人无法完全理解的。他们还很难预料，而且非常容易动怒。对惹恼他们或让他们不高兴的凡人，他们会用极其残忍的手段进行惩罚。带着一群猎犬的猎人亚克托安偶然撞见了正裸身洗澡的女神阿尔忒弥斯，结果惹恼了她，于是她把不幸的亚克托安变成了一头阉割过的雄鹿。亚克托安带的猎犬朝他扑过来，把他撕成了碎片。

古希腊人的神话有助于他们了解周围的世界。有的神话会解释世界是怎么形成的，有的则解释人和神的起源，以及为什么世界上会有邪恶，更多的则解释自然的四季以及一年中出生、发展、死亡与重生的循环。有的神话包含有重大的历史事件。不过随着时间的推移，很多地方都被歪曲了，如特洛伊战争。这场发生于青铜器时代的战争虽已久远，但确实包含着事实真相。

跟现代人的理解不同，古希腊人的神话不像普通的神话那样有快乐的结局。其目的是教导或警告凡人不要冒险。很常见的是，神话告诫凡人永远不要想着能理解永生的神，而应该竭尽所能走好变幻无常的人生路。很多神话都说明，命运无可逃避，花大气力去逃避只会让事情朝着不可预料的方向发展。

珀耳修斯和美杜莎：
要提防心中所想，否则会事与愿违。

达娜厄是阿哥斯国王阿克里修斯的女儿。阿克里修斯没有儿子，于是向神秘的特尔斐神庙祭司求助。得到的回答却让阿克里修斯高兴不起来。他不仅命中无子，而且他女儿的儿子将来会杀了他。于是他把女儿锁在地下的一个铜房子里，只留一个小孔供空气流通和递送食物。

不过，宙斯还是发现了达娜厄。他变成一阵金子雨，进入铜房子，与达娜厄交欢。后来达娜厄为他产下一个儿子，取名珀耳修斯。有一天，阿克里修斯听见有男孩子哭，结果发现了珀耳修斯。盛怒之下，国王把女儿和外孙关进一个木头箱子，然后把箱子投入大海。不过，国王没能如愿，母子二人并没有死。他们被一个叫狄克堤斯（Dictys）的渔民救起。就这样珀耳修斯长大成人了。

波吕得克忒斯是狄克堤斯的哥哥，也是塞里福斯岛上的国王。他想支开珀耳修斯，追求心心念念的达娜厄。于是他欺骗珀耳修斯，让他答应去取蛇发女妖的头。蛇发女共姊妹三人，全是妖怪。其中一位是美杜莎，她的头发全是蛇，人只要看她一眼就会变成石头。珀耳修斯找到了美杜莎，隔着闪亮的铜做的盾去看她，避开直接跟她对视，因而没有被变成石头。就这样，他砍下了美杜莎的头。然后他用美杜莎的头从海怪的手里救下美丽的公主安德洛墨达（Andromeda）。他带着未来的新娘回到塞里福斯岛，按要求把蛇发女怪的头献给波吕得克忒斯。转眼间，波吕得克忒斯变成了石头。珀耳修斯和安德洛墨达去了阿哥斯王国，阿克里修斯害怕会死掉，于是逃走了。但最终珀耳修斯和阿克里修斯达成和解。有一天珀耳修斯参加体育比赛扔铁饼，不料铁饼砸中了外祖父，把他砸死了。一切正如祭司所预言的那样。

在这个故事里，我们所得到的道德教训非常明显。波吕得克忒斯出于私心，为了实施对达娜厄的不轨图谋而要蛇发女妖的头。结果珀耳修斯把头带回来了，波吕得克忒斯却因为这个头变成了石头。人对心中所想应该有所提防。阿克里修斯为了躲避劫难，对女儿很残忍。尽管如此，结果一切如预言所示，他还是被外孙打死了。

哈迪斯和波尔赛福涅

德墨忒尔的女儿波尔赛福涅遭绑架,从而造成了四季轮回。

哈迪斯、宙斯和波塞冬是兄弟，分得的统治领域是冥府。冥府以他的名字"哈迪斯"命名。有一天，哈迪斯碰巧看见了宙斯和德墨忒尔的女儿波尔赛福涅。德墨忒尔司自然、收获与生育。哈迪斯想娶波尔赛福涅为妻，但是宙斯知道德墨忒尔绝对不会答应，于是既不许可，也不拒绝。哈迪斯便绑架了波尔赛福涅，把她带回冥府。

德墨忒尔思念女儿，却不知道她发生了什么事，于是四处寻找，却怎么都找不到，心里越来越绝望、愤怒，心烦意乱。大地也因此遭罪，一切停止生长。在寻找女儿的第10天，她从女神赫卡忒那里听说，波尔赛福涅被绑架了。但是赫卡忒不愿说出绑架者。很快，赫利俄斯告诉德墨忒尔，是哈迪斯绑架了她女儿。德墨忒尔拒绝让女儿嫁给哈迪斯。为了报复哈迪斯绑架女儿，她不让地球上任何东西生长。

就这样，在一年多的时间里，地球陷入饥荒。宙斯觉得这样不是个办法，于是派赫耳墨斯去把波尔赛福涅带回来。哈迪斯同意放波尔赛福涅走，但却骗她吃了一粒石榴籽。就这样波尔赛福涅吃了冥府里的东西，便不能离开了。

这样的结局当然不能让德墨忒尔满意，于是诸神商量出一个解决办法：每年有3个月，已经吃了冥府东西的波尔赛福涅必须和哈迪斯一起生活，做他的王后；其他时间则可以离开，和母亲在一起。对古希腊人来说，这个神话解释了冬天大地为什么光秃秃的，什么都不生长。在接下来的9个月里，当波尔赛福涅离开哈迪斯，和现在开心起来的母亲德墨忒尔一起生活时，万物则开始复苏。

普罗米修斯：盗取火种者
付出巨大代价为人类盗取火种。

  普罗米修斯是泰坦神，其名字的意思是"深谋远虑"。他很聪明，体谅生活得可怜的人类，教人类怎样过文明的生活。他还教他们怎么祭献动物，从神那里得到所需要的东西。宙斯来和普罗米修斯谈论献祭的事情。宙斯答应把火种给人类，作为交换，他可以得到动物祭品中最好的部分。但是普罗米修斯在这件事上欺骗了这位奥林匹斯诸神之王。他最先献上一头牛，然后一分为二，把最好的部分塞进牛的内脏里。剩下骨头多的部分用亮闪闪的油脂蒙住，然后用牛皮盖住。宙斯没理会让人没有胃口的内脏，选了牛皮，还以为这部分是好的。

  宙斯后来发现上了当，于是拒绝让人类用火。没有火，人类无法做饭、取暖、烧制陶器和铸铁。普罗米修斯去赫菲斯托斯的铁匠铺偷了火，藏在茴香杆里，把火送给了人类。这让宙斯很生气。就这样，由于可怜人类，普罗米修斯被锁在高加索山（Caucasus Mountains）的一块石头上。每天，宙斯都会派一只巨鹰过来，用嘴啄食他的心脏。因为他是泰坦神，是不会死的，所以，每次被吃掉之后，他的心脏都会再长出来，于是第二天接着受折磨。

  普罗米修斯的故事告诉古希腊人为什么要给神供奉祭品，哪些是人类该得的，哪些应该焚烧祭献给神明。这个故事告诉人们，文明是从何而来的。这位泰坦神悲惨的命运还说明，与宙斯对抗会付出惨重的代价。

那西索斯与厄科（Echo）

傲慢冷漠的那西索斯遇到了唯一值得他爱和看一眼的人：那就是他自己。

那西索斯是一个非常英俊的青年。在他还小的时候，预言家忒瑞西阿斯①（Tiresias）曾指出，如果他不知道自己是谁，就可以活很大的岁数。这个预言的含义多年之后才让人们明白。有一天，那西索斯到森林里去打猎。他还年轻，无心无肺，而且虚荣，对所有喜欢他的人都不屑一顾。

有一天，一个小仙女看见了他。这个仙女名叫厄科，在宙斯出去沾花惹草的时候曾替他打过掩护，结果被宙斯的妻子赫拉发现，于是对她施咒，只能回应别人的话。厄科一见那西索斯就爱上了他，于是接近他，无奈却只能重复他说过的话。那西索斯还没有见过她，于是说，"你出来吧"，厄科回应道，"你出来吧"。厄科出来见那西索斯，那西索斯却粗暴地把她推开。"我就是死，也不愿意你向我示爱！"虚荣猎人那西索斯咆哮着。可是厄科只能回答，"向我示爱！"那西索斯头也不回地走了，只剩下厄科。她深深地爱着他，日渐憔悴下去，直至没了形神，只留下声音。她真的成了回声。

那西索斯依然很傲慢，他在镜子一样的水边坐下。之前他从未见过自己的容颜，因此照着水池的时候，他压根没有认出里面看着自己的那个年轻人是谁。他爱上了自己的影子。他每次伸出手去摸对方时，总会触动水面，对方似乎就没了踪影。那西索斯终于找到值得爱的人：他自己。和厄科一样，那西索斯无望地憔悴下去，最后死在了水边。那西索斯和厄科的故事说明，过度虚荣和自爱造成的伤害很大，我们今天把这种情结称为"自恋"。

---

① 底比斯的一位盲人先知，阿波罗和克吕墨涅的儿子。——译者注

奥德修斯和独眼巨人
聪明与狡猾

灵巧的奥德修斯设计出特洛伊木马,凭借它,终于结束了长达十年的战争,拿下了特洛伊城。特洛伊城陷落后,奥德修斯该回家了,回伊萨卡岛去,那里是他的王国。他和随从乘船出发,途中发现一个岛,岛上有成群的绵羊和山羊。他们捕猎羊群,后来发现一个岩洞。里面没人,但看得出来有人住。洞里也有很多羊。很快,洞里住的人回来了,他是一个独眼巨人,脸上只长着一只眼睛。

这个独眼巨人叫波吕斐摩斯,带着其他的羊回来了。现在,他所有的羊都在洞里了,于是他推着一块巨石挡住出口。羊被挡在了洞里,奥德修斯和随从也出不来了。波吕斐摩斯发现了这些希腊人,于是开始吃人。第二天早上,这位独眼巨人又吃掉了两个希腊人,放出羊群,然后用巨石堵住洞口。

早晚波吕斐摩斯会吃掉剩下的希腊人。他们必须想办法出去,于是找到一根长长的粗棍子,把头部削尖,然后在火里把尖头烧硬。那天傍晚,独眼巨人回来时,希腊人合抱着尖尖的粗棍,朝巨人刺去。他们把棍子戳进波吕斐摩斯的独眼中,把他弄瞎了。

至此,他们依然无法逃脱,因为聪明的波吕斐摩斯用身体堵住了洞口。同样聪明的奥德修斯想出一个办法。他把随从们都拴在巨人的羊身上。羊从波吕斐摩斯身边经过出洞时,他会摸摸羊,但是他只摸到了羊毛,并没有摸到人。就这样,他们从独眼巨人的洞里逃了出来。

阿喀琉斯:英雄中的至伟之人
这位希腊最伟大的勇士死在了特洛伊城墙前,有着短暂而又辉煌的一生。

阿喀琉斯是位半神,是海洋女神忒提斯(Thetis)和凡人珀琉斯(Peleus)的儿子。他的人生早有人预言:要么久而平淡,要么短而辉煌。他的妈妈很害怕,于是把他打扮成女孩模样,混迹在斯库罗斯岛国王吕科墨得斯的女儿中间。希腊人准备攻打特洛伊,需要阿喀琉斯。因为有预言称,阿喀琉斯不到场,特洛伊城就不会陷落。奥德修斯是希腊最聪明的人,他想出了识别阿喀琉斯的方法。他装成一个商人进入宫殿,向女人们兜售货物,不过货物中还有武器。然后他吹响号角,仿佛有危险逼近。只见阿喀琉斯抓起武器,拉开搏斗的架势。他就这样暴露了,于是答应去特洛伊,与其他希腊人一道救回被特洛伊王子帕里斯绑架的海伦。

在特洛伊,阿喀琉斯是双方勇士中的至伟之人。当希腊人首领阿伽门农劫走了他的情人布里塞斯(Briseis)的时候,阿喀琉斯从战争中撤离出来。结果希腊人损失惨重,特洛伊人恢复士气,在战争中占据上风。阿喀琉斯坚决拒绝帮助希腊人。直到最好的朋友普特洛克勒斯(Patroclus)被特洛伊英雄赫克特杀死,他才重新回到战场。他与赫克特进行角斗,并杀死了对方。阿喀琉斯怒火依然难以平复,用战车拖着对方的尸体围着城墙转。

后来,赫克特的父亲——特洛伊国王普里阿摩斯前来求情,悲伤不已的阿喀琉斯于是把赫克特的尸体还给他的父亲。之后,阿喀琉斯的脚后跟被帕里斯的箭射中,也死掉了。

阿喀琉斯的这个故事说明,命运无法躲避。这个故事还告诉我们,怒气太盛,傲气太足,会给人带来灾难。

> 有一天她打开了罐子，于是所有罪恶都跑了出来。

潘多拉的罐子

潘多拉的故事回答了一个永恒的问题：
为什么有那么多罪恶

诸神不想让人类变得太过强大。他们更喜欢人类保持无知的状态，保持对诸神的依赖。但是泰坦神普罗米修斯给予人类很多，尤其是火种，让软弱、无助的人类在恶劣的环境中生存下来，祭祀诸神，取悦诸神。普罗米修斯的所作所为让宙斯很生气，于是狠狠地惩罚了他。

众神之王愤怒不已，也殃及人类。那个时候世界上还没有女人，只有男人。宙斯让奥林匹斯山的锻造神赫菲斯托斯用泥巴打造出一个活人，每个神都要给这个活人一个不错的礼物。这个活人就是潘多拉，在古希腊语中的意思是"所有的礼物"。潘多拉美丽、优雅，擅长的方面很多。诸神把潘多拉献给普罗米修斯的哥哥——泰坦神伊琵米修斯，让她做他的妻子。伊琵米修斯这个名字的字面意是"追悔莫及"。他很信任地接纳了潘多拉。

潘多拉的罐子是个陷阱。她有一个别人送的罐子，里面存着所有能想得到的罪恶。她得到过警告，永远不要打开罐子，永远不要想着知道里面是什么。但是她天生好奇，终于有一天打开了罐子。于是所有罪恶，如愤怒、欲望、贪婪、嫉恨，等等，都跑了出来。原先人类一直过得好好的，现在形势却变得严酷起来，于是只能挣扎着生存。但在罐子里，还留下了一样东西——希望，这让人类想到也许将来能过上好日子。

这个神话传达的寓意是：反抗诸神会受到严厉的惩罚；不计后果的好奇心可能是件坏事情；最后一点是，即便在最黑暗的时候，希望也依然存在。

波吕涅克斯（Polyneices）和安提戈涅（Antigone）

在波吕涅克斯和安提戈涅的故事中，人的行为会带来不可预知的后果。

波吕涅克斯和厄忒俄克勒斯（Eteocles）是俄狄浦斯和伊俄卡斯忒（Jocasta）的儿子。他们的父亲俄狄浦斯死了，波吕涅克斯为了权力和厄忒俄克勒斯打了起来。波吕涅克斯去阿戈斯寻求帮助。国王阿德剌斯托斯（Adrastus）把女儿嫁给了他。后来，7个伟大的将士带人攻打底比斯城，一人攻打一座有名的城门。这就是有名的"七将攻打底比斯"（Seven Against Thebes）。

这次围攻并没有拿下底比斯，波吕涅克斯死于与兄弟厄忒俄克勒斯的决斗中。厄忒俄克勒斯也难逃厄运。底比斯最后由伊俄卡斯忒的兄弟克瑞翁（Creon）统治。克瑞翁认为波吕涅克斯攻击家园是卑劣的叛国行径，于是禁止掩埋他的尸体。相反，厄忒俄克勒斯却被认定为英雄，享受到所有的丧葬荣誉。他们的妹妹安提戈涅无视不许埋葬哥哥的禁令。她把波吕涅克斯放到地上，撒上土，象征性地把他埋葬了。

她这是公然违抗命令。于是克瑞翁下令把安提戈涅活埋到厄忒俄克勒斯的墓里。安提戈涅自缢身亡。她的未婚夫——克瑞翁的儿子海蒙（Haimon）也自杀了。克瑞翁最终答应埋葬波吕涅克斯，可是为时已晚，他的妻子欧律狄刻（Eurydice）也自杀了。波吕涅克斯和安提戈涅的血腥故事传递的信息是，错事会带来不可预知的后果。克瑞翁固执己见，拒绝埋葬波吕涅克斯的尸体，结果导致安提戈涅、儿子和妻子的死亡。

赫拉克勒斯

他是宙斯的儿子，脾气暴躁，去过世界各地，建功立业，在诸神中挣得一席之地。

强大的赫拉克勒斯天赋异禀，力气超人。他是宙斯和凡人阿尔克墨涅的儿子，是个半神。他还遭到赫拉的嫉恨。赫拉是宙斯的妻子，嫉妒心强，非常憎恨丈夫的不忠。她妒火难平，于是派两条毒蛇去杀死还在摇篮中的赫拉克勒斯。无奈小赫拉克勒斯很强壮，而且很勇敢，把两条蛇都绞杀死了。

赫拉克勒斯师从聪明的人马兽喀戎（Chiron）和其他几位可敬的老师。但是他脾气很暴躁，在喀戎批评他、打他的时候，把喀戎杀了。

赫拉克勒斯在房事上也是个奇人，曾在一个夜晚与泰斯庇斯国王的49个女儿（国王共50个女儿）上床，并让她们全都怀了孕。后来，赫拉因嫉恨他让他发了疯，杀死了泰斯庇斯49个女儿给他生的孩子。

赫拉克勒斯罪孽深重。为了赎罪，他被迫侍奉一位不如他强大的人。这个人就是欧律斯透斯（Eurystheus）。欧律斯透斯让赫拉克勒斯完成12件功绩，包括杀死涅墨亚猛狮（Nemean Lion）；杀死勒拿九头蛇（Lernaean Hydra，这是长着很多个头的怪兽，头割掉了还会长出来）；清理奥格斯满是污秽的牛棚；追捕并擒获厄律曼托斯山的野猪（Erymanthian Boar），等等。

赫拉克勒斯乘坐阿尔戈号，参与寻找金羊毛。他最终获得全神身份，在奥林匹斯山有了一席之地。赫拉克勒斯故事的寓意是，凡人通过在人间多建功立业可以成神。

代达罗斯（Daedalus）和伊卡洛斯

富有创造性的代达罗斯找到了逃出迷宫的方法，但是他的儿子伊卡洛斯不听警告，飞得离太阳很近，摔死了。

代达罗斯是伟大的工匠，发明了很多实用的东西，如斧头和船帆。他效命于克里特岛国王米诺斯。米诺斯的王后帕西法厄（Pasiphae）让手巧的代达罗斯用木头造出一头牛，然后她躲在里面和一头公牛交媾。她的丈夫米诺斯让人设计一个迷宫，把帕西法厄和公牛生的人身牛头怪米诺陶囚禁在里面，无法出去。

给帕西法厄打制木牛的代达罗斯受到惩罚，他和儿子伊卡洛斯也被囚禁在迷宫里。但是聪明的代达罗斯想出了一个绝妙的办法。他用鸟的羽毛和蜡给自己和儿子做了翅膀，飞了起来，逃出迷宫。

代达罗斯警告过儿子，不要离太阳太近，因为太阳的热度会把粘连翅膀的蜡融化掉。可是伊卡洛斯没记住父亲的话，只顾高兴地飞，离太阳非常近。蜡很快融化掉，翅膀散开，伊卡洛斯在萨摩斯岛（Samos）附近的海面摔死了。

代达罗斯和伊卡洛斯的故事警告人们，不要自不量力，要听智者的教诲。伊卡洛斯因飞得太高了而死，因此人不要忘乎所以，否则会遭遇危险。

伊俄卡斯忒和俄狄浦斯

俄狄浦斯和父母想逃脱命运，结果却正中命运下怀。

一位祭司告诫底比斯国王拉伊俄斯（Laius）和妻子伊俄卡斯忒（Jocasta）不能生孩子，因为孩子将来会杀死父亲。伊俄卡斯忒无视警告，怀孕并生下一个男孩。但这对夫妻却高兴不起来，为了躲避预言，他们把孩子给了一个牧人，让他扔在野地里。牧人可怜孩子，把他送给另一个在科林斯看管皇家牧群的牧人。男孩取名俄狄浦斯，成了无子嗣的科林斯国王波吕玻斯（Polybus）和墨洛珀（Merope）的儿子。

有一天，俄狄浦斯遭人取笑，说他不是父母亲生的。俄狄浦斯向特尔斐的祭司询问，得到两个可怕预言：他会杀死自己的父亲，还会和母亲发生关系。俄狄浦斯认定父母就是波吕玻斯和墨洛珀，于是决意不再返回科林斯。

从特尔斐神庙出来后，俄狄浦斯上了大路，遇见了他的亲生父亲拉伊俄斯。拉伊俄斯拒绝给俄狄浦斯让路，于是俄狄浦斯把他给杀了。就这样，第一个预言成真。接下来，俄狄浦斯遇到了狮身带翅、长着女人头的斯芬克斯。她给俄狄浦斯出了一谜语："什么东西早上四条腿，白天两条腿，晚上三条腿？"答案是人，俄狄浦斯答对了。刚生下来的婴孩用四肢爬，长大后用两条腿走路，老了用拐杖成了三条腿。因为回答正确，作为奖赏，俄狄浦斯娶了拉伊俄斯的遗孀——他的亲生母亲、王后伊俄卡斯忒。

俄狄浦斯和伊俄卡斯忒生了两个儿子和两个女儿。但他最终知道了可怕的真相，知道了真正的父母。伊俄卡斯忒知道俄狄浦斯的身份后自杀了，俄狄浦斯则戳瞎了自己的双眼。这个可怕悲剧的道德寓意是，命运无可逃避，凡人不可能完全把握神的意图。

古希腊神话和
传说中的怪兽

从残忍的独眼巨人到狡猾的斯芬克斯，
古希腊神话中的诸多怪兽直至今天还吸引着人们，
让人们惊叹不已、恐惧不止。

古希腊神话中最为知名的是其中的英雄：英勇顽强的男人（女人很少见）通过勇敢行为彰显着力量和英雄气概。但是，为了帮助这些英雄打败强大的敌人，出现了很多大名鼎鼎的怪兽。

古希腊人设计神话怪兽时肯定是不遗余力的。怪兽让古希腊神话中相关篇章、绘画和故事的魅力大增，其形象在所有的文学经典中最臭名昭著，同时也最难让人忘记。堤丰是众魔怪中的神，是多种吓人怪物的结合体。从堤丰到贪婪的只讲谜语的斯芬克斯，古希腊神话中有很多怪兽、精灵和卑鄙的恶魔，个个都急于阻止英雄前进的步伐。有些神话中的怪物是美好的，如爱嬉闹的小仙女，而多数都很贪婪，如看守冥府、长着三个头的刻耳柏洛斯，动作迟缓却非常强壮的独眼巨人，个个都让人费尽心神。

这些怪兽在神话中起着至关重要的作用，以至于臭名昭著，远远超越了他们诞生于其中的故事，渗透到了古希腊的文化中。它们受到指责，被认为是自然灾害的罪魁祸首。这些怪兽可不只是没有头脑、专供英雄猎杀的，而是代表着世界未经驯化、非文明而疯狂的一面。它们由人造出来，都是非自然、不真实的，代表着可怕的威胁，是无眠之夜的噩梦。但是如果没有这些怪兽，如赫拉克勒斯和忒修斯这般的著名英雄就不可能成就传奇。

独眼巨人

希腊最伟大的勇士有着短暂而辉煌的一生，倒在特洛伊城墙前

独眼巨人是古希腊神话中最有名的一族，在很多英勇的故事中都起着重要作用。它们都是怪兽，常常被描绘成动作迟缓，身材庞大。最有名的是它们的独眼，很大，长在额头正中间。它们野蛮、蓬乱的外表与品性匹配，常常被描绘得粗野、残忍。独眼巨人具有反抗性，不愿屈从于诸神意志，而且很懒惰、残暴。

在有些版本的神话中，独眼巨人是泰坦神乌拉诺斯和盖亚的儿子。但是在荷马的著作中，独眼巨人波吕斐摩斯是波塞冬的儿子，吃人，并有可能是所有独眼巨人中最出名的一个。奥德修斯智胜后，把他弄瞎。相比之下，赫西俄德则更为关注另外的三个独眼巨人：阿耳戈斯（雷电神）、布龙特斯（雷神）和斯忒罗佩斯（闪电神）。他们三位是雷电神，而且是天才的工匠，曾与宙斯一起对抗泰坦诸神。后来，在奥林匹斯山上，他们成了宙斯的工匠，为他打造雷电。

这些独眼巨人是极好的例子，说明了希腊人怎么看待眼见而无法解释的自然威力。看到火山（如埃特纳火山）爆发，他们就会想到是火神赫菲斯托斯作怪。因为赫菲斯托斯在火山的中心有一个工作坊，里面有很多功力强大、技能娴熟的独眼巨人在干活儿。

▶ 波吕斐摩斯与众不同，他是个牧羊人，具有一定的智慧，这在独眼巨人中不多见

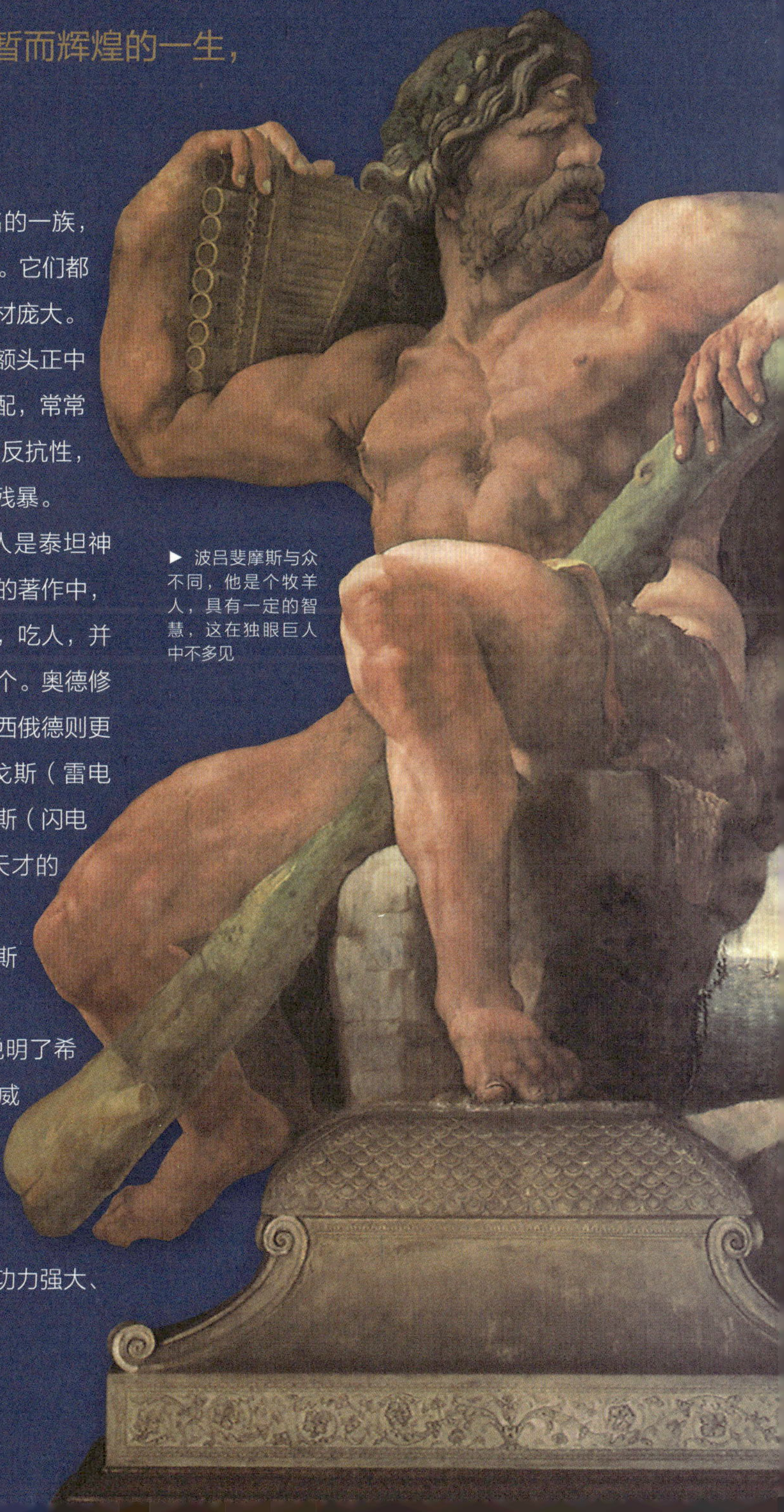

▲ 米诺陶的父亲是克里特公牛（Cretan Bull），是赫拉克勒斯12功绩之一，最后被忒修斯捕获。

米诺陶

米诺陶是女人和公牛的结合，是神对不肯服从的人类的诅咒。

米诺斯想成为克里特岛的首领，波塞冬为表支持送给他一头白色的公牛作祭品。米诺斯被牛的美丽打动，于是决定不献祭。这激怒了波塞冬。于是波塞冬让他的妻子爱上牛，生出一个可怕的怪物——米诺陶。

米诺陶长着牛头、牛尾和人身，成了半人、半牛的怪兽。他渐渐长大，越来越危险、吓人，而且只吃人。米诺斯向特尔斐神庙的祭司问道，并听从祭司建议，在宫殿下面建了一个巨大大的迷宫。米诺陶被囚禁在迷宫中央，既逃不出去，也不能伤及无辜。然而，米诺斯在雅典被杀死了，国王要求每年往克里特岛送15位年轻人，当作祭品献给米诺陶。

多年之后，雅典国王的儿子忒修斯想试试，去打败这个怪兽。忒修斯获得了米诺斯的女儿阿里阿德涅（Ariadne）的爱情，她给忒修斯一把剑和一个线团。忒修斯在迷宫里边走边扯线团，以便事后能找到出路。他找到了米诺陶，把他杀死，然后逃出了迷宫。

精灵们

这些无时无刻不在的恶魔们躲在阴暗处,非常繁忙,随时准备给喜欢的人以财富,给不喜欢的不幸者以痛苦和折磨。

精灵都是半神,在卓越之人或半神之人死去时诞生。赫西俄德的神话中记载,伟大的人物死后享有殊荣,会被变成精灵。人们认为,克洛诺斯的统治时期是"黄金时代",造就了一批了不起的人物,他们虽然是凡人,但却像神一样活着。这些人死掉后会变成精灵,帮助统治文明社会,照看人间。

宙斯掌权后,带来了属于他的精灵一族。这些精灵见到不公正的作为就会上报给诸神。诸神会对仁慈、谦虚的行为进行奖励,如让大地丰收等。

宙斯的精灵不仅仅是人类仁慈的看护者,而且还是"kakodaimons"(恶魔精灵),非常残忍、恶毒。在人们眼里,这些邪恶的精灵对人类滥用权力,对受害人撒谎,实施不公正的惩罚。例如,欧律诺墨(Eurynomos)这个精灵,他住在冥府,据传以腐烂尸体为食,只留下骨头。另一个邪恶的精灵群体是雷耶(Arae)家族。这个全是女性的家族是诅咒精灵,尤其会对因他们而死的人下手。他们会带来疾病,让人发狂、饥饿和死亡。精灵很少在古希腊艺术和神话中出现,但是他们的存在是能感知到的,因为他们会出现在人们的梦中,直接对着睡梦人发话。

▲ 人们认为拉米亚(Lamia)被变成了一种吃小孩的怪物

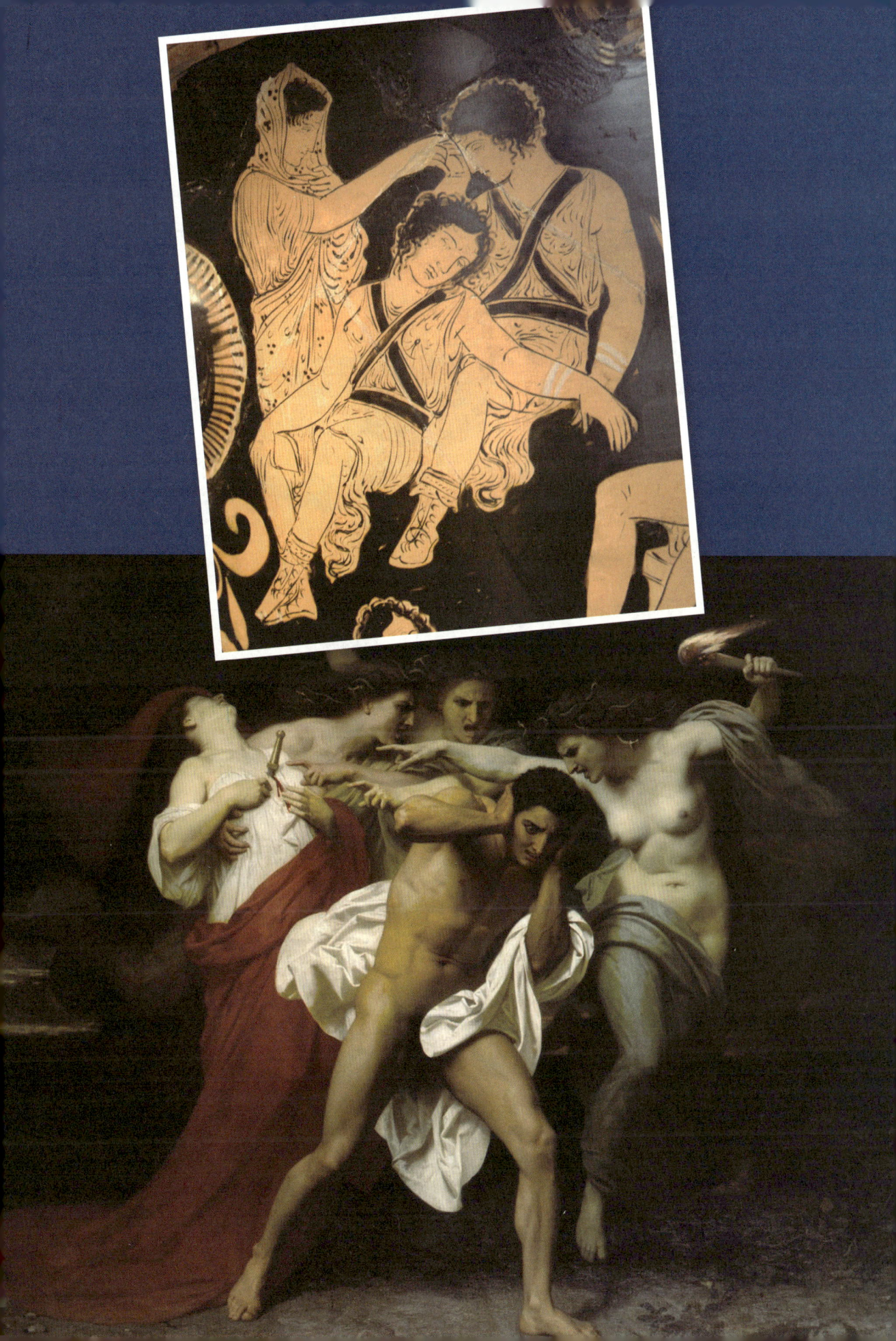

人马兽

人马兽是野兽，常常在野性未泯的部落游荡，欲望上来时就会把女人拖走，还会残暴地杀害文明人

人马兽在当代幻想文学中持续受到欢迎，而且有升温趋势，属于古希腊传说中最为有名的野兽之列。人马兽半马半人，关于它们的起源有很多说法。其中最常见的说法是，人马兽是伊克西翁（Ixion）和涅斐勒（Nephele）的后代。前者是阿庇泰人（Lapiths）的国王，后者是按赫拉的样子做成的一朵云。

在人们的笔下，人马兽常常很原始、野蛮，生活在岩洞里，以石块和树枝作武器。据说最初的人马兽部落生活在塞萨利（Thessaly）的皮立翁山（Mount Pelion）上。非常出名的是，这个部落受邀参加佩里图斯（Peirithoos）的婚礼，结果喝醉了，不守规矩。醉醺醺的一群人马兽想劫走新娘和女宾们，结果引起了血腥的争斗，整个部落损伤过半。

在古希腊神话中还可以找到别的人马兽，如长着牛角的拉米安·波利斯部落。头上长角是赫拉对它们的一种惩罚，因为它们听从宙斯命令，守护着狄奥尼索斯。甚至还有一个女人马兽部落。不过，这个部落在古典艺术与文学中出现得很晚。

人马兽在人们笔下

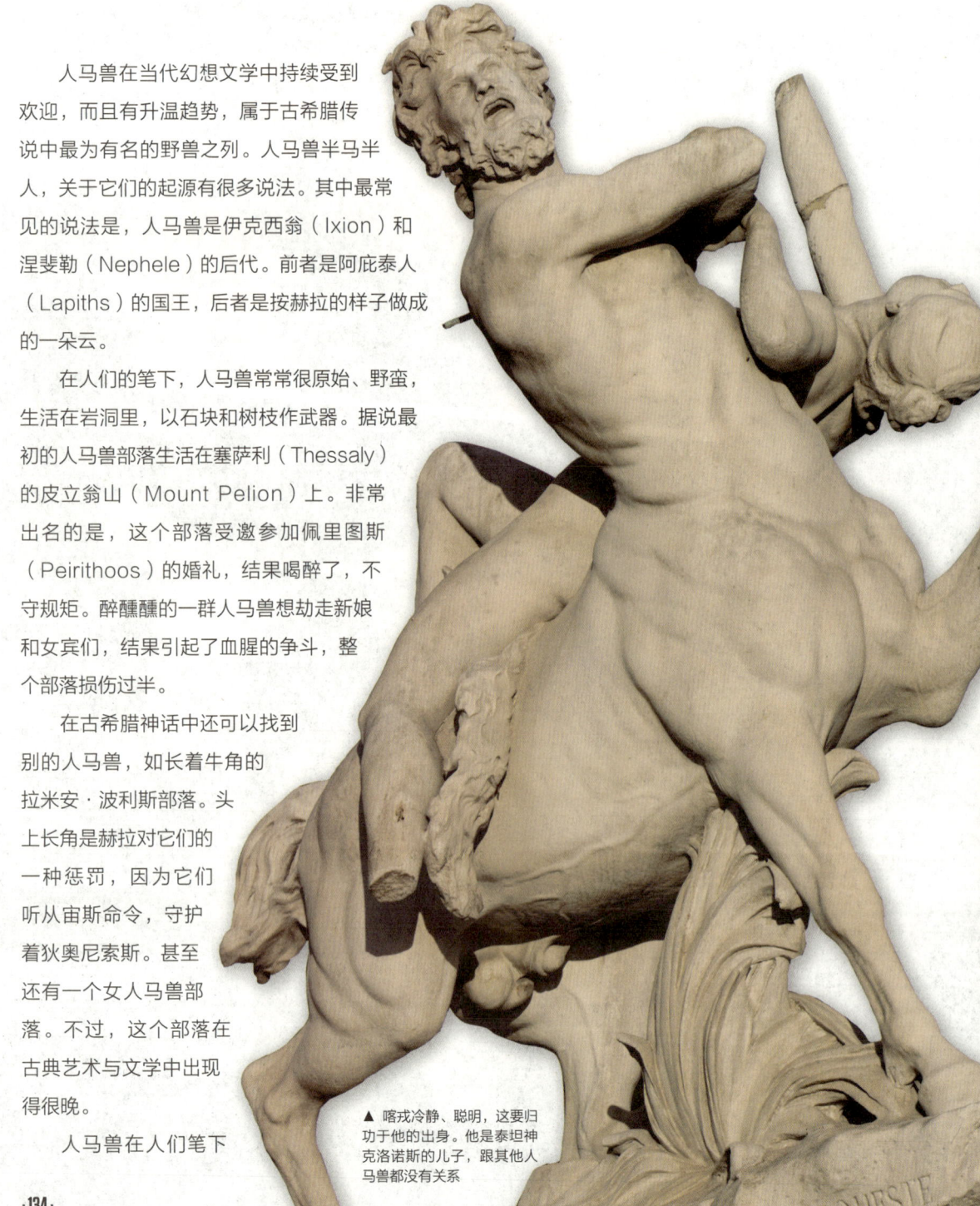

▲ 喀戎冷静、聪明，这要归功于他的出身。他是泰坦神克洛诺斯的儿子，跟其他人马兽都没有关系

常常很野蛮，不顺服，是不开化、不文明的代表。不过，也有例外。喀戎就很聪明，而且谦虚、文明，比他好色的兄弟们强多了。他因为医药方面的技能而受到人们青睐，是一位重要的老师，教过很多阿喀琉斯这样的英雄。普罗米修斯被赫拉克勒斯用沾有九头蛇血液的箭射伤时，喀戎把自己当作祭品献给宙斯，从而把普罗米修斯解救出来，让他成了一个英雄人物。

刻耳柏洛斯

刻耳柏洛斯是梦魇般的猎犬,哈迪斯忠诚的看门狗,职责是守护着死人,让他们待在该待的地方——冥府。

刻耳柏洛斯或许是古希腊神话中最有名的猛兽之一。他不属于动物,而是吓人的妖怪。通常说他长着三个怪异的头、一条蛇尾巴和狮子爪,背上的毛全是蛇。刻耳柏洛斯是最吓人的怪兽,负责看护冥府大门。

古希腊人养狗,当宠物或帮着干活。可还是会害怕街上游荡的流浪狗。这些狗未经驯服,很危险。刻耳柏洛斯融合了这些犬类吓人的特质,成了一个野蛮吓人的怪兽,可以把人撕得粉碎。在人们的描述中,刻耳柏洛斯长着尖利的牙齿,有毒,在有的故事中甚至可以把人变成石头。他的三个头据说代表不同的事物,如过去、现在和未来,或者出生、成年和老年。有些故事甚至称这个怪兽长着50个头。刻耳柏洛斯可怕的外表源于父母——让人畏惧的堤丰和半人半蛇的厄喀德那。

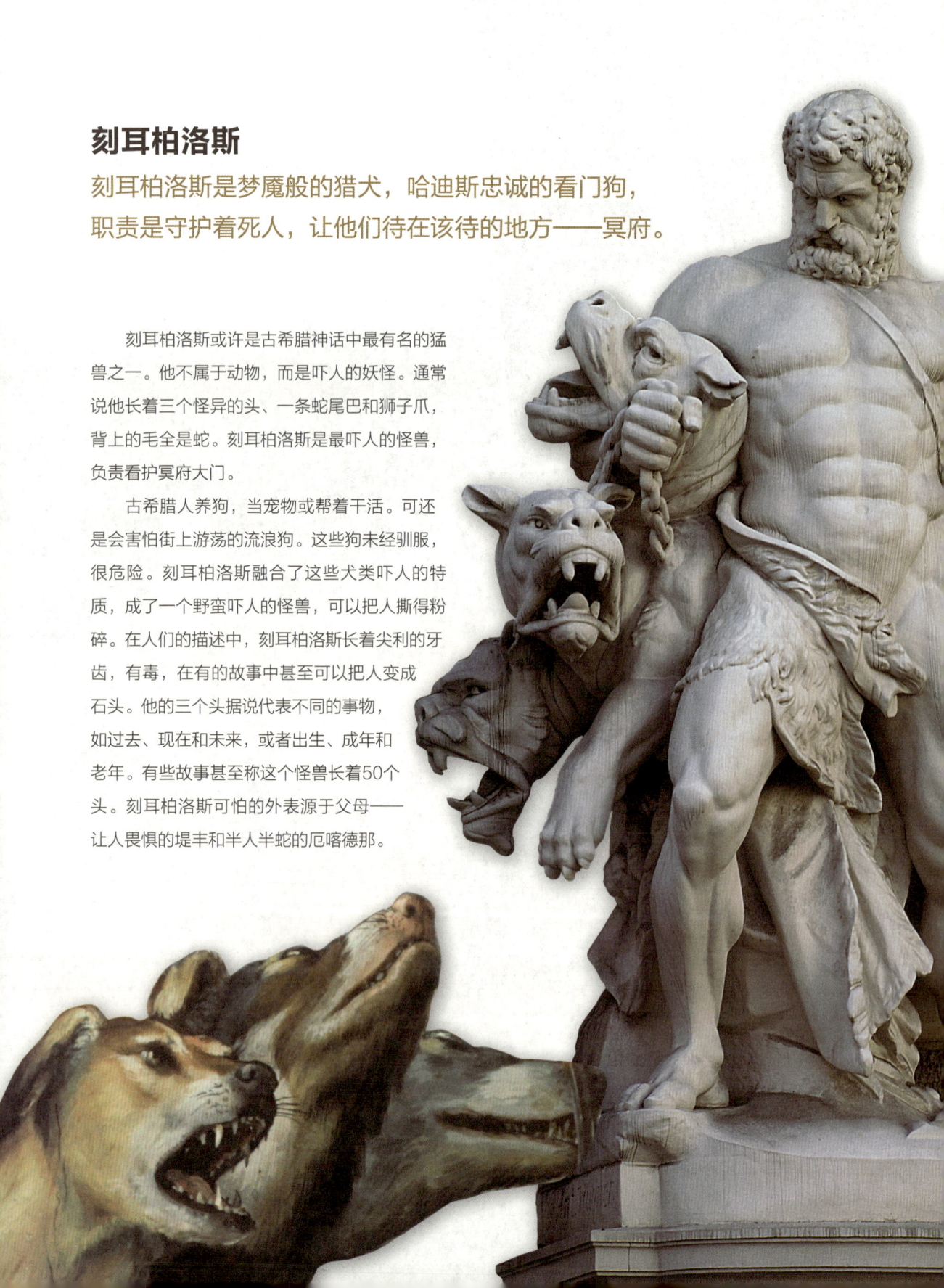

尽管有怪兽的基因，但是刻耳柏洛斯是冥府的看门狗，在古代世界实际上起着很重要的作用。他听命于冥府之王哈迪斯，被安置在冥河河畔，守护着哈迪斯的大门，不让死人逃出去，没有哈迪斯的许可，活人也别想进来。他被链子拴着，任何想重返阳间的人都会被他吞掉。

刻耳柏洛斯出现在两个著名的神话中。在这两个故事中，他都被英雄打败了。当俄耳甫斯尝试进入冥府、救回心爱之人的时候，曾弹奏七弦竖琴，设法给刻耳柏洛斯催眠。不过，刻耳柏洛斯最为人知的或许是他在赫拉克勒斯最后一个功绩中所起的作用。半神赫拉克勒斯领命，要捉拿刻耳柏洛斯，交给梯林斯（Tiryns）。哈迪斯答应了他，但是不允许他拿武器和怪兽搏斗。与赫拉克勒斯遭遇的多数怪兽命运不同，刻耳柏洛斯活了下来，回到冥府，继续看守着大门。

◀ 据传，赫拉克勒斯曾牵着用链子拴着的冥府看门狗在大街上游行，人们被吓坏了，小心地观望着

◀ 喀迈拉长着鬃毛,不过这个时期常见的母狮鬃毛都很短,耳朵清晰可见

喀迈拉

喀迈拉是多种怪兽混合体,会喷火,是很恐怖的梦魇兽,公然反抗自然、理性与逻辑。

在今天,"喀迈拉"这个词用来指由不同动物躯体组合的神秘动物。其实在一开始,"喀迈拉"指的是一个很奇特的怪兽。这个怪兽据说是骇人的堤丰和埃凯德娜的后代,是长着三个头的冥府狗刻耳柏洛斯的手足。

人们把喀迈拉描绘成长着三个不同动物的头:狮子、山羊和杜拉更①(dragon)。不过,它在艺术中最常见的形象是长着母狮子的头和身体,背上伸出一个山羊头和山羊的乳房,尾巴是一条蛇。在古希腊传说中它最为奇特,因模样恐怖,在人们眼里成了最可怕的怪兽。喀迈拉还因为脾气暴躁而闻名,它洗劫村庄,往无辜者身上喷地狱之火,屠杀人类。它不仅牙齿有毒,还能喷火,非常危险。它恶名远扬,被认为是噩兆,预示着自然灾害。还有谣传,说在火山喷发前,可以看见它潜伏在附近。

在神话中,喀迈拉在林恩(Lynean)乡间出没,一直到英雄柏勒洛丰(Bellerophon)出现。柏勒洛丰是波塞冬的儿子。他没有犯罪,为

---
① 是西方神话中一种强大的生物,第一眼看上去外形类似一只长着蝙蝠肉翼的蜥蜴,是中世纪之前力量与神圣的象征,而在基督教中,则是邪恶的代名词。——译者注

了自证清白,决定挑战并杀死喀迈拉。在生着双翼的神马珀加索斯的帮助下,柏勒洛丰得以从空中攻击喀迈拉,箭如雨般射出。最后,这位英雄往怪兽火红的喉咙里投了一支矛,矛头熔化,怪兽从内里燃烧起来,最后被一下子打死。

海德拉（Hydra）

海德拉是一条多头蛇，有毒，致命，非常危险，简直无法摧毁。赫拉克勒斯凭一己之力根本打不败它。

海德拉和古希腊传说中很多最骇人的怪兽一样，是生出所有怪兽的堤丰和埃凯德娜的后代。海德拉住在阿尔戈利斯地区的莱尔纳湖（the Lake of Lerna）。有人认为这里是冥府入口。鉴于海德拉可怕的样子，这种说法倒也说得过去。

海德拉是一条巨蛇，长着很多个脑袋。脑袋的个数说法不一，有的说是6个，有的说是9个，还有的甚至说有50个。在后来的版本中，又给这个怪兽增加了一项骇人的能力——一个头被

砍掉了，会生出两个，真正变得不可战胜。海德拉的呼吸有毒，据说单单是它呼出的气息就能杀死一个人。

海德拉凭借诸多能力成为成就赫拉克勒斯12功绩的绝佳对象。据传，赫拉养海德拉就是专门用来消灭这位英雄的。赫拉克勒斯用一块布隔开海德拉的有毒气息，一个人去斗海德拉。可是，他发现对方的头会再生，于是叫侄子伊俄拉俄斯（Iolaus）前来相助。赫拉克勒斯砍蛇的头，伊俄拉俄斯用火把灼烧伤口，阻止头再长出来。他们逐渐占了上风。就在此时，赫拉派一只巨大的螃蟹来帮海德拉。但是，赫拉克勒斯一脚就把螃蟹踩碎了。最后，这位英雄用雅典娜赐予的金剑砍掉了怪兽最后一个头。

打败了海德拉，赫拉克勒斯的剑上沾了这条蛇的毒血。这毒血在赫拉克勒斯未来的冒险中将会起到作用，不过最终他也因此而死。这是海德拉死后对他的终极报复。

▲ 据说在战败后，赫拉把海德拉和螃蟹安置在天空，从而形成了九头蛇和巨蟹星座

小仙女（nymph）

小仙女们富有诱惑力，爱嬉闹，
且法力强大，很危险。
她们掌控着自然和男人的心。

　　小仙女们个个年轻、漂亮，在古希腊神话中很受欢迎。这些非凡的精灵生活在地球上，被看作自然女神。她们在奥林匹斯诸神中排位较低，但有资格参加诸神聚会。由此可见，她们的重要性不言而喻。

　　小仙女们会在地球上的任何自然景观中出现。按照她们生存的环境分属不同类别。山中的小仙女是俄瑞阿得（Oreads山岳女神）；树木、花丛中的是黛拉德（Dyrads，树妖）和墨利亚神（Meliae）；那伊阿得（Naiads）生活在泉水、河流和湖泊中；涅瑞伊得斯（nereids，海洋女神）则生活在海中。很多小仙女与男女诸神都有关联，尤其是那些与自然有关的神，如阿波罗、狄奥尼索斯和阿弗洛狄忒。

在神话中，小仙女被描画得很漂亮、爱嬉闹，很有诱惑力。这与古希腊文化中常见的女子保守形象形成鲜明对比。可能是因为这个，很多小仙女都与神或凡间男子发生了关系，生出了后代。人们甚至认为，小仙女可以让凡人发狂，单词"nympholepsy"（因小仙女痴狂）一词由此而来。

对小仙女的描述通常都是正面的，但也有例外。据传，墨利诺厄（Melinoe）能把噩梦和疯狂带给男人。她是波尔赛福涅和宙斯（一说是哈迪斯）的女儿，在冥府中出生。她很漂亮，但报复心强，夜间会带着躁动不安的死者魂灵去纠缠活人，让凡人很惧怕。据传，她能变换很多不同的样子。还有的人认为，她半白半黑，象征她连接着天堂和地狱。

▼ 小仙女并不是全神，但如果她们和神有了关系，那么生出的孩子就是全神

▲ 在有的故事中，堤丰长着很多动物的头，所发出的尖叫声是所有野兽的合音

堤丰

堤丰是怪兽中的怪兽，威力强大，很吓人，只有宙斯敢于直面它。

在古希腊神话的所有魔鬼和怪兽中，堤丰被认为最骇人、最危险。他不仅仅是怪兽，还是一位神，单单提到他的名字，就足以让古希腊人惊恐万分。

堤丰是盖亚和塔耳塔洛斯的儿子。有的神话中说他的母亲是赫拉。赫拉生出堤丰是为了挑战宙斯。堤丰是个怪兽，身材庞大，据传头能碰到星星。他长着人身和几百个不同动物的翅膀。他的腿是盘曲的毒蛇，手指是盘曲的蛇，他的眼睛喷着红光。他还会喷火。在人们的笔下，他长得黝黑，头发肮脏。故事版本不同，对堤丰的描述也不尽相同，不过都非常瘆人。

据说，堤丰是风暴巨神，凭借着自己的能力向宙斯开战。诸神害怕堤丰，为了躲避他，个个现出动物原形，只留下宙斯和他对战。这是一场艰苦卓绝的决斗，宙斯后来借助雷电才打败堤丰。决斗结束后，宙斯把这个怪兽扔进了塔耳塔洛斯的无底深渊中。在有的故事里，为了防止这个怪兽逃跑，宙斯把他压在了埃特纳火山之下。所以，人们认为，火山爆发是因为堤丰要逃出去，地震也同样是他引发的。

据传，堤丰和妻子埃凯德娜生出了很多臭名昭著的怪兽，如斯芬克斯、刻耳柏洛斯、每天啄食普罗米修斯肝脏的高加索鹰，还有涅墨亚猛狮。

斯芬克斯

斯芬克斯所问的是历史上最有名的谜语,她不仅是古希腊神话中著名的形象,而且是非常吓人的怪兽。

通常人们认为斯芬克斯与古埃及神话有关,但她同样出现在了古希腊神话中。这可能是因为两种文化之间关系密切。在古希腊神话中,斯芬克斯典型的样子是人头、狮身、鹰翼,有时候还加上蛇头和蛇尾巴。斯芬克斯不是一类怪兽,而是仅此一个。据传,斯芬克斯为雌性,是怪兽欧特鲁斯(Orthrus)和埃凯德娜(一说为奇美拉)的女儿。

人们把斯芬克斯看作是噩兆,预示着毁灭和坏运气。她守在底比斯城门口,过往行人都要回答她提出的谜语。这个谜语是:"有一种东西只有一个身体,但是早上有四条腿,下午有两条腿,晚上有三条腿。这是什么?"不能说出正确谜底的人就会被斯芬克斯吃掉。俄狄浦斯揭开了谜底。他的回答是:"人。人婴儿期用四肢爬,成年期用两条腿走路,老年时要拄拐杖,因此是三条腿。"在有的版本中,俄狄浦斯还解开了另外一个谜。

斯芬克斯败了,于是从高高的岩石上一头栽了下去。据有的版本说,她把自己给吞掉了。正是因为这个故事,人们把俄狄浦斯看成是古宗教习俗(以斯芬克斯为代表)向奥林匹斯诸神新习俗(以俄狄浦斯为代表)过渡的代表人物。

▲ 据传斯芬克斯的家乡在埃塞俄比亚,是赫拉把它安置在底比斯城门口的。这说明,古希腊人非常清楚,斯芬克斯是一个"异域"怪兽

祭司不为人知的故事

千年来，特尔斐的祭司们笼罩在神秘之中，但是现在的科学家们有了解释。

古希腊社会由男人掌控。男人占据着社会上最好的职位，男人在战场上冲杀，男人统治着强大的帝国。但是，所有男人，从最底层的农民到皇帝本人，无一例外，都会向一个人问道。而这个人是个女人。

特尔斐城长时间以来都是世界的中心。据说宙斯把这里看作盖亚的肚脐。传说，一条名叫皮森（Python）的巨蛇守在这里，后来被处于婴儿期的阿波罗杀死。皮森被阿波罗的箭射穿，掉进一个地缝中。尸体腐烂后，从地缝中升腾出股股浓烟，所有站在地缝边的人突然不可遏制地神情恍惚起来。据传，在这种状态下，宙斯可以控制人，让他们充分感觉到神的存在。

在迈锡尼时代（Mycenaean Era），这些奇异事件吸引着众多崇拜阿波罗的人。慢慢地，这个原始的庇护所发展起来，成了一个圣祠，到公元前7世纪变成一个神庙。神庙会选一个人作预言家，作为沟通现世和下一个世界的桥梁。为了纪念勇猛的皮森，这个被选中的人，即祭司，被称为皮提亚（Pythia）。

与神沟通不是件小事，这是个神圣的职位，不是谁都可以做，或值得托付的。人们认为，这个神圣的职位是与神沟通的媒介，纯洁、诚实的年轻处女最合适。不过，这样做也有弊端——因为美丽的年轻处女会让前来求道的男人心生邪念，结果导致祭司被强奸或侵害。于是，祭司改由50岁以上的老年女性来担任。为了让人们记住曾经的祭司是什么样子，这些老年祭司会穿上原先少女们的衣服。

这些上了年纪的祭司通常出自特尔斐神庙的女神职人员，有时候也从特尔斐当地受尊重的

> 古希腊最重要的祭司有特尔斐神庙的皮提亚，和伊庇鲁斯王国多多那神庙的狄俄涅。

希腊　土耳其

向祭司问道

如果你有解决不了的问题，或者只是想知道未来如何，那么祭司可以帮助你。

我是斯巴达的一位立法者，眼下别国威胁到了我们引以为豪的国家。这些国家会带来灾难吗，抑或我是一个老顽固？
莱克格斯（Lycurgus），斯巴达
回复：'除了钱什么都不热爱'会毁掉斯巴达。

我知道很愚蠢，但是就是担心自己会死！你能有什么办法，不让我死那么早吗？
莱桑德（Lysander），斯巴达
回复：小心地里生出来的狡猾东西，会从后面袭击你。

我最近得到属于自己的岛屿。我需要立法，但我不知道应该成为什么样的统治者。有什么建议吗？
梭伦，雅典
回复：现在就坐到船上，因为你是雅典的领航人。双手握紧船舵；你的城市里有很多人支持你。

一个宿敌抬起丑恶的头颅，想要和我的士兵对战。唯一的问题是对方人数远远超过我们。我们该应战吗？
列奥尼达斯（Leonidas），斯巴达
回复：公牛或狮子的力量都无法阻止敌人。不，不把你的城市或国王撕成碎片，对方不会善罢甘休。

我已经是国王了，尽管如此，可是觉得仍然无法让妻子满足。我想做一些真正令她敬佩的事情。我该做些什么来成名？
菲利普，马其顿王国
回复：有了银做的矛，你就可以征服世界。

我的朋友是一个重要人物，可是他最近做出了很令人质疑的决定。我应该依然忠于他吗？
西塞罗，阿尔皮诺
回复：让你的本能，而不是别人的建议来指导你的人生。

我的敌人不肯放过我！我知道我打不过他。有什么方法能让我保护自己吗？
地米斯托克利（Themistocles），雅典
回复：木墙对你和你的孩子们来说都是福利，单单一座就可以阻止对方。

我的朋友苏格拉底无所不知。他知晓一切。我们之间有一个争议；有谁比他还聪明吗？请帮忙解决。
凯瑞丰（Chaerephon），雅典人
回复：没有人比他更聪明。

我的父亲是一个有名的战士，任何人都希望我以他为榜样。现在战争爆发，对当兵我很有压力。我拿不定主意。我应该报名参军吗？
伊奥斯（Gaios），特尔斐
回复：你可以去，打完仗会活着回来。

为了权力，我牺牲了一切，甚至家庭成员。但我依然不满足。我该如何满足自己的贪婪？
尼禄，安提乌姆（Antium）
回复：你在此现身惹怒了你寻求帮助的神。回去吧，你有杀母罪行！数字73标志着你垮台的时刻！

女性中选出。受过教育的贵族女性备受欢迎，不过，女农民也可以入选。原先结过婚的皮提亚要摒弃所有家庭责任，甚至要抛弃个人身份。当上祭司意味着担负起一项古老而又重要的职责，从而超越自身，成为传奇。皮提亚如此重要和不可或缺，为了取悦阿波罗和神明，她们与孩子、丈夫以及原先生活中的任何关联都必须斩断。这些祭司的作用越来越重要，原因很简单：她们会给求道者解答问题。在一个野心勃勃且有宗教信仰的文明里，这种真实的与神的对话会受到至高的尊崇。每年中有9个暖和的月份，在这些月份的第7天，皮提亚都会接受来自希腊所有人的问道。之所以这样是因为阿波罗在冬天会离开神庙。

皮提亚要先进行斋戒净化，喝圣水，在神圣的卡斯塔利亚泉水中沐浴，然后才在三只脚的座位上坐定，一手握着月桂，一手拿着装有泉水的盘子。从裂开的地缝上冒出被杀巨蛇化成的有毒蒸汽，一阵阵涌上来，裹挟着皮提亚。她就在这样的气氛中进入了神的世界。

人们从各地赶来向这个可以和神说话的女人问道。为了向祭司问询，很多人要赶好几天甚至几周的路到特尔斐神庙。到了之后，神职人员会对他们进行严格盘问，确定要问的真正问题，然后指导他们怎么去问。通过的人还要经过一系列的仪式，如戴着桂冠前往神庙等。神职人员还会鼓励问道者按月捐献以及拿牲畜祭献。牲畜祭献以后，会对其内脏进行研究。如果迹象不祥，问道人就会被打发回家。通过了，问道人才可以接近皮提亚，说出自己的问题。有的版本说是祭司进行回复，而有的则认为她们只会说令人不解的话，然后再由神职人员翻译出来。问道人得到了答复，就会回家，按祭司的指示去做。

这是很耐琢磨的环节。祭司在9天时间里要接待很多到访者，从急于知道收成的农民到问询

▲ 最初的祭司是年轻的处女，后来祭司由50岁以上的女人担任

◀ 特尔斐神庙是古希腊最神圣的地方之一

是否应发动战争的国王,无所不有。她们的回复并非总是那么清晰。她们的回复或神职人员的翻译很讲究措辞,这样一来,无论结果如何,祭司的话总是不错的。问道者要仔细琢磨祭司的话,否则要么收成不好,要么会打败仗。吕底亚①国王克罗伊斯(Croesus)曾来询问是否可以进攻波斯。他得到的回复是:"如果你过了河,一个伟大的帝国就会被摧毁。"他把这个当成好的预兆,于是入侵波斯。不幸的是,被毁掉的伟大帝国是他自己的国家。祭司的这种回复方式,就像神一样是绝对不会出错的,从而获得了良好的名声。质疑祭司就是质疑诸神,这是无法想象的事情。

很快,凡是重大事情人们都要向特尔斐祭司问道。不仅仅是希腊人,其他国家的显耀、首领和国王也会为了问一个问题而赶往特尔斐。前来问询的朝圣者和普通人排起了长长的队伍,为了快点排到,有的人会捐献大量的金钱。神庙因为这些捐献而壮大起来,声名远播。很快,神庙成为世界中心的预言变成了现实,开始吸引着人们前来参加皮提亚运动会②(奥林匹克运动会前身)。在祭司们神谕的影响之下,特尔斐成了一个强大、富裕的城邦。祭司不仅是特尔斐城的核心,而且是整个希腊帝国的中心。任何重大的决定都会向祭司问询。在过去将近一千年的时间里,担任这个具有最重大政治和社会影响力的职位的是女人。

▲ 祭司的回复通常由神庙神职人员进行翻译

---

① 小亚细亚西部的富裕古国。——译者注
② 第二重要的泛希腊节日,于奥林匹克运动四年周期中的第三年在特尔斐城附近举行,两次庆典之间的四年周期被称作皮提亚德时期。——译者注

·153·

神话背后的科学

考古挖掘表明,
那些我们所了解的故事
或许还有很多未知的……

阿波罗神庙

在这个神圣的地方，数千人聆听过祭司的智慧之言。

自从人类社会出现了科学，就一直尝试对皮提亚的入神状态做出解释。其中最有价值的解释来自普鲁塔克①（Plutarch）。他曾担任过特尔斐神庙的神职人员。据他说，从地缝中飘出的雾气气味芬芳，会让祭司进入奇怪的恍惚状态。他的说法似乎有几分真实，因为考古学家在研究神庙废墟的时候发现了几个奇特的地方。

例如，皮提亚所置身的内室地面比周围的地面要低2到4米，附近还有一个供泉水流动的水道。和其他古希腊神庙比起来，这样的结构显得很奇特。所有这些只能说明一个问题，即阿波罗神庙里确实发生了很奇怪的事情。

法国考古学家对普鲁塔克关于地缝的描述非常感兴趣，于是于1892年开始挖掘特尔斐神庙，试图在地下发现古代的岩洞或洞穴。不过，奇怪的是，他们一无所获。到了1904年，有人称普鲁塔克所说的神庙雾气只是古代的传说而已，压根就不存在。1948年，《牛津古典词典》（Oxford Classical Dictionary）里这样写道："考古挖掘证明，关于地缝飘出毒气的后古典主义理论是不可信的。"

到了20世纪80年代，一群好奇的科学家决定亲自考察废墟，结果证明这一切是真的。他们发现神庙下面是带沥青的石灰岩，被两个横穿神庙下方的断层隔断。这绝不会是一种巧合。这些

---

① 公元46—120年，用古希腊文写作的罗马传记文学家、散文家，还是柏拉图学派的知识分子。——译者注

▼ 今日依然屹立的阿波罗神庙遗址

科学家认定，地壳运动和古时候的地震使断层之间产生摩擦。甲烷、乙烯和乙烷气体随着在神庙下方的泉水升腾上来，通过断层直接进入神庙。低处的房间通风不好、氧气不足，导致这些气体毒害增加，诱发出祭司的恍惚状态。

最让人感兴趣的是乙烯气体。乙烯气味甘甜，这跟普鲁塔克的描绘相同。据说，只要少量的乙烯就可以让人精神恍惚，进入疯狂状态。用乙烯所做的实验表明，剂量超过百分之二十会让人失去意识；不过，剂量小于百分之二十，嗅闻者就会坐起来，回答问题，不过声音会有变化。另外，闻嗅者还会出现阵性发作、身体猛烈扭动、失忆以及说话方式改变等情况。所有这些都与普鲁塔克对祭司的描述相符合。然而，科学通常具有猜测性，因此这个说法也没有得到一致认同。有科学家认为，是其他的气体，如二氧化碳和甲烷造成了祭司的恍惚状态。无论哪种说法，似乎都提到，特尔斐祭司的神秘与神庙的特殊结构和独特的地理位置有关。两相结合，产生了神奇的情景。

▲ 公元390年，对祭司的膜拜终结了
▶ 图为公元前480年的一枚硬币，上面印有祭司的三角座椅

神话背后的科学

考古挖掘表明，那些我们所了解的故事或许还有很多未知的……

蛇毒
祭司的恍惚状态有可能是由蛇毒引起的，尤其是眼镜蛇和金环蛇的毒。对毒液有了免疫力之后，被蛇咬就会让人产生幻觉，从而影响人的情感和精神状态。

月桂叶
祭司通常手拿月桂叶，而且因为月桂叶与阿波罗的关联，有人还见过她们嚼食月桂叶。曾有人假设是月桂叶引起了祭司的恍惚状态。但是由于这种叶子不会致幻，这种说法不可能是真的。

政治傀儡
关于祭司恍惚状态的最流行说法是，她们都是装出来的。因为她们的预言具有强大的影响力，神职人员或这些祭司本人会根据情况操控这种权力。

特洛伊战争背后的真相

> 多亏了新的考古挖掘和对古代文本研究的发展，
> 学者们比任何时候都更加深信，神话背后有事实真相。

古希腊人和古罗马人常常提起特洛伊战争，但最早也最具权威的版本出自荷马。荷马是古希腊诗人，大约生活在公元前700年左右，住在当今土耳其西部地区。他写了两部史诗，讲述已逝英雄们的故事。这两部史诗是《伊利亚特》（又称《伊利昂（Ilion）的故事》，Ilion是特洛伊的别称）和《奥德赛》（又称《奥德修斯的故事》）。

荷马浸润于漫长的口述诗歌传统，甚至还阅读过特洛伊战争时代的文字记录。他可能还造访过战争发生地和历史遗迹。他的史诗融合了现实与神话。

根据神话的说法，特洛伊战争是一场大规模的战争，持续了十年时间，是整个希腊对战特洛伊及其同盟的战争。双方战士都很英勇。甚至亚马逊部落①和埃塞俄比亚人也被卷进来。奥林匹斯诸神也起到了重要的作用。

战争起源于一个女人：海伦。她是美丽的斯巴达王后，在英语中被称为"特洛伊的海伦"。特洛伊的帕里斯王子（也称亚历山大）去斯巴达的时候引诱海伦，于是两人逃回特洛伊，还带走了斯巴达国库中的很多东西。海伦的丈夫美尼劳斯（Menelaus）国王和他的哥哥，即迈锡尼的国王阿伽门农，组成了希腊联军，给对方下了最后通牒后，开始乘船向特洛伊进发。希腊人在特洛伊上岸，要求对方归还美丽的海伦和财宝，遭到特洛伊人拒绝，于是战争爆发。九年时间里，希腊人破坏并洗劫了特洛伊附近乡村和周边岛屿，却无法攻破特洛伊城这座坚固的城堡。

接下来，希腊军队差点溃散。他们经历了一场可怕的瘟疫，紧接着希腊最伟大的战士阿喀琉斯叛变。这一次依然起因于一个女人。这个女人是美丽的布里塞斯。她是归属阿喀琉斯的战利品，被阿伽门农用不公正的手段夺走。阿喀琉斯和部下撤出战斗。特洛伊人在他们的英雄赫克特带领下，几乎全歼希腊人。但是后来，他们杀死了阿喀琉斯的朋友和副官普特洛克勒斯，使阿喀琉斯又返回战场。阿喀琉斯杀死赫克特，拯救了希腊军队。

战争依然在继续。但是除了荷马的史诗之外，其他记述这场战争的史诗大部分已经遗失。阿喀琉斯被杀。最终，希腊英雄奥德修斯想出一个聪明的办法，用特洛伊木马把希腊战士拉进城内，从而领导希腊军队攻破特洛伊城。特洛伊遭到洗劫，主要的特洛伊英雄中，只有埃涅阿斯幸存下来。罗马人后来称，埃涅阿斯和一群特洛伊难民跨过地中海到了意大利，在那里建立起国家（最终发展成为罗马）。

但是《伊利亚特》中有多少内容起源于现实呢？特洛伊战争是代代相传、完全虚构的神话，还是有更为可靠的历史根据呢？多亏了这些新的发现，我们最终把这个谜一样的战争串连起来。

---

① 即亚马逊女战士族，发源于小亚细亚蓬托斯（Pontus）的特尔摩冬（Thermondon）的峡谷和森林之中。其首都是尤克森（Euxine）沿海的特弥斯库拉（Themiscyra，当代土耳其黑海沿岸的特尔密）。——译者注

迈锡尼时期的希腊

在帕提侬神庙之前的一千年，一种不同寻常的文明兴盛起来，而且忙于对付爱琴海对面的对手。

在公元前1450至公元前1180年间，希腊由一系列的王国统治着，其中最重要的是迈锡尼、底比斯、梯林斯和皮勒斯。我们把它们统称为迈锡尼文明。迈锡尼的居民说希腊语，数千本留存下来的文本中都是用被称为"古希腊B类线性文字"的音节文字写就，这种线性文字是之后希腊字母的前身。人们敬奉和《伊利亚特》中同样的异教神。

迈锡尼国王住在装饰着艺术精品的宫殿里。贵族女性着装华丽、优雅。宫廷官员监督王国的经济运行状况，收取税赋和贡品。工程师负责修建道路、桥梁、防御工事、排水工程和庞大的拱顶坟墓。迈锡尼城周围建起围墙，要通过狮子门（今天依然屹立着，让游人惊叹不已）才能进入。

在公元前5世纪，迈锡尼人征服位于爱琴海西南的克里特岛和土耳其爱琴海沿岸的米利都城。在接下来的几个世纪里，迈锡尼人发动战争，进行外交，从事商业活动，并和东部地中海的诸多王国进行王室联姻。他们向东发展至利西亚（Lycia，位于进土耳其西南部）和塞浦路斯，在安纳托利亚挑起叛乱，然后把势力扩张到爱琴海东北部岛屿。

在青铜器时代晚期，土耳其西部有很多的王国，但到目前为止，最重要的是赫梯人所称的维路撒（Wilusa）。

▲ 迈锡尼时代的希腊（公元前1400年—公元前1100年）

▲ 迈锡尼时期用青铜片制成的盔甲

维路撒引发了各国之间的冲突和战争。很多学者认为,维路撒最初被希腊人称为威朗(Wilion),之后变成伊利昂(即特洛伊)。赫梯人的文字记录中还提到一个跨海的庞大国家,叫作阿希亚瓦(Ahhiyawa)。多数学者认为这就是迈锡尼时期希腊的亚加亚王国。"阿希亚瓦信件"记录了大约公元前1250年一位迈锡尼国王和赫梯国王之间的通信。

从公元前3000年到公元前950年的2000年里,特洛伊一直都是一个伟大的城市。特洛伊城曾被废弃,大约在公元前750年重新被希腊殖民者占领,在古代,包括罗马时期一直都是一个小城市。这种状态持续到拜占庭时代该城再次被废弃前。在青铜器时代后期,特洛伊变得富有、强大起来,即使仍无法企及中部的安纳托利亚、黎凡特或美索不达米亚,但它俨然是爱琴海地区最大的城市和地区中心。在青铜器时代后期,特洛伊控制着重要的海港,建城墙,挖壕沟,树立木栅栏,建立起复杂的防御工事。如果说特洛伊城有哪个时期称得上是最伟大城市,那么非这个时期莫属。

今天我们把战争看成是非人力的结果,如经济、政治和文化因素。青铜器时代后期的文化则有相反的看法,人们会从人的因素去考虑,认为战争起源于仇恨、侮辱及婚姻不和谐。"阿玛纳字母"(Amarna Letters)里保存着公元前1300—公元前1310年埃及、迦南(Cannan)以及赫梯王国之间的外交通信,提供了很多实

▲ 狮子门是南部希腊迈锡尼城堡的主要入口

例，从因小事而起的战争，到因王子在迎娶外国公主的途中被杀而引起的惩罚性突袭，不分巨细。荷马把特洛伊战争归因于一位被诱惑的女人，他是忠实于青铜器时代的文化特点的。

但这并不是说海伦真的存在：我们仍无法证明这一点。但是荷马史诗和古希腊神话中的一些人名在B类线性文字或赫梯语文本中均有出现。例如，B类线性文字中出现了人名阿喀琉斯。赫梯语文本中则提到了来自阿希亚瓦的阿塔里斯亚（Attarrisiya），而这个人有可能是希腊的阿特柔斯（阿伽门农的父亲），此外还提到阿希亚瓦国王的一个兄弟塔瓦格拉瓦（Tawagalawa）。

今天，很多学者把塔瓦格拉瓦看成是古希腊神话中的厄忒俄克勒斯（希腊底比斯国王）。在荷马的作品中，特洛伊城有位伟大的王子既叫帕里斯，又叫亚历山大。而赫梯人的文本中提到了特洛伊国王既叫亚历山杜（Alaksandu），又叫帕里兹迪（Pari-zitis）。

通过猛攻或包围的方式攻取城市代价高昂，这点毫无疑问。因此，一点不会令人惊讶但是，赫梯和美索不达米亚的文本中提到用诡计攻城略地，如军队佯装撤退，然后趁对方放松戒备时回攻。尽管没有证据表明真的有特洛伊木马，但是希腊人曾真的假装撤军。

▲ 图为公元前14世纪迈锡尼的马镫形花瓶

▲ 在多数迈锡尼的城市中，宫殿是中心

古希腊诸神

人们认为,奥林匹斯诸神住在古希腊中部的奥林匹斯山上,在特洛伊战争的故事中起着重要作用。

宙斯
众神之王,据称在特洛伊战争中处于中立地位,其实他很希望特洛伊方获胜。

赫拉
众神之后,宙斯的妻子,因为宙斯的出轨而不断惩罚他的诸多情人,她自己则一直很忠贞。

波塞冬
海洋之神,很容易发脾气。在雅典城保护神的竞争中,他输给了雅典娜,于是派一个怪兽去攻击雅典城。

哈迪斯
冥府之神,住在冥府,不算邪恶,但不肯让死人逃脱审判。

阿瑞斯
战争之神,因为战争而受崇拜,但有时候被认为太过血腥、极端。

阿弗洛狄忒
爱神和美神,既是特洛伊城,也是帕里斯王子和埃涅阿斯的守护神。后者是她和凡人安喀塞斯(Anchises)的儿子。

阿波罗
司音乐、艺术、真理和预言,和阿尔忒弥斯是双胞胎。他与艺术、知识以及预言的祭司有关。

阿尔忒弥斯
狩猎和生育女神,跟阿波罗是双胞胎。她是发誓保持处女身的女神,保护着年轻女子的贞操。

赫菲斯托斯
是锻造和工艺的守护神。他有残疾,却打造出诸神的武器。他娶阿弗洛狄忒为妻,但他们的婚姻生活并不幸福。

雅典娜
智慧女神,是希腊人,特别是阿喀琉斯和戴奥米底斯(Diomedes)的保护神。她拒绝了特洛伊人的请求。

赫尔墨斯
旅行和撒谎之神,诸神的信使。尽管有人说他曾帮助过特洛伊国王普里阿摩斯一次,但他是希腊人的保护神。

德墨忒尔
农业女神。哈迪斯绑架了她的女儿波尔赛福涅,让她在冬天里跟他生活在一起,因此德墨忒尔在冬天里拒绝生产粮食。

狄奥尼索斯
酒神,自由和戏剧之神。他作为奥林匹斯神的身份与赫斯提之间有争议。他喜爱庆祝活动。

赫斯提
灶神,克洛诺斯的女儿,有时候会取代狄奥尼索斯成为奥林匹斯12神之一。

寻找特洛伊城

为了寻找这座神秘的城市，考古学家跑遍了安纳托利亚。经过多年的挖掘，据说这座城市可能已经找到。

寻找特洛伊的工作起始于1871年。德裔美国商人海因里希·施里曼（Heinrich Schliemann）因为对荷马的作品着迷，开始在土耳其西北部的赫勒斯滂①（Hellespont）入口处南部挖一个山头。他的挖掘工作一直持续到1890年。施里曼的挖掘建立在弗朗克·卡尔弗特早期的工作之上。卡尔弗特是英国人，担任美国在该地区的顾问。这个墓堆被称为"希萨利克（Hisarlik）"，在土耳其语中是"要塞之地"的意思。施里曼相信自己找到了特洛伊。

施里曼是个外行，最终半途而废。后来德国建筑师威汉·德普菲尔德（Wilhelm Dorpfeld）在1893—1894年间继续挖掘，以更坚定的科学方法推进施里曼未竟的事业。接下来，美国考古学

---

① 现在的达达尼尔海峡。——译者注
② 1英里约为1.6千米。——译者注
③ 1英尺约为0.0003千米。——译者注

悉安门（Scaean Gate）
据说这是特洛伊城的主要入口，送给护城者的"礼物"——特洛伊木马就是被丢在了这里，阿喀琉斯也是在此处被杀的。

城墙
城墙周长将近1英里②，守护着低处的城区。墙基是石头，墙面由泥砖垒建。

木栅栏
考古发现了一排排的木桩坑。这说明除了石头城墙外，还有同样起着防护作用的栅栏。

家卡尔·布利根（Carl Blegen）使挖掘工作接近了特洛伊的所在区域（1932—1938）。在1988年至2012年间，德、美两国考古学家联手，在已故的曼弗雷德·柯夫曼（Manfred Korfmann，2005年由厄尼斯特·珀尼卡接任）和布赖恩·罗斯（Brian Rose）带领下继续挖掘工作。从2013年起，土耳其特洛伊的挖掘工作一直由鲁斯泰姆·阿斯兰领导。

特洛伊城位于赫勒斯滂入口处，而赫勒斯滂与爱琴海相接。该城曾保护过两片水域里的海港。赫勒斯滂把马尔马拉海（the Sea of Marmara）、博斯普鲁斯海峡（Bosporus）和黑海（the Black Sea）连接起来，成为商船和战舰的重要通道。但是赫勒斯滂不好通行。这里水流汹涌，而且在航海季节的多数时间里，航海人员还要面对猛烈的北风。商人聚集特洛伊，进行商业活动并等待风势变小，特洛伊逐渐富裕起来，还售卖内地肥沃草原上出产的马匹。

今日的特洛伊分为不同的层面，一层覆一层，形成高达50英尺的山丘。这里有数千年前泥

第I层
公元前2920—公元前2350年
这是最早的居住层，城区很小，很富裕，以城堡为中心，有坚固的城门。
毁灭原因：城市重建

第II层
公元前2550—公元前2250年
这就是所谓的"被烧光的城市"，在原先的分层上进行了大规模的扩建，有雄伟的城堡与城墙。"普里阿摩斯的财宝"就是在这里发现的。
毁灭原因：火

第III层
公元前2250—公元前2200年
比第二层规模小，文化延续下来。
毁灭原因：火

▼ 古特洛伊城的考古地点

▼ 海因里希·施里曼的挖掘让人们越来越相信，《伊利亚特》中的故事有事实基础

多层次的特洛伊城

古代的特洛伊城有10个居住层，形成了高约50英尺的山丘。

第Ⅳ-Ⅴ层
公元前2200—公元前1740年

引入了安那托利亚-特洛伊文化，城堡进行扩建，经济转向狩猎，与中部土耳其有了更多接触。

毁灭原因：火

第Ⅵ层
公元前1740—公元前1180年

特洛伊的黄金时代，此时期城市最为繁荣、规模也最大。有可能是荷马笔下的特洛伊。

毁灭原因：火，也有可能是战争。

第Ⅶ-ⅦB3层
公元前1180—公元前950年

铁器时代早期，特洛伊城进行小规模重建，主要是在上部城区，受到巴尔干半岛的影响。

毁灭原因：废弃

第Ⅷ层
公元前700—公元前85年

成为希腊的伊利昂城。被废弃250年后由希腊人重建。后遭罗马人洗劫。

毁灭原因：罗马征服

第Ⅸ层
公元前85—公元500年

成为罗马的垆姆城（Llium）。在奥古斯塔和哈德良（Hadrian）时期发展起来，他们都把特洛伊看成是罗马由来已久的城市。

毁灭原因：地震

第Ⅹ层
公元1100—公元1300年

成为拜占庭的伊利昂城，规模很小。

毁灭原因：奥特曼帝国征服

▼ 图为油画《燃烧中的特洛伊》。约翰·乔治·陶德曼绘

◀ 图为海因里希的妻子索菲亚·施里曼（Sophia Schliemann），穿戴着从特洛伊城中挖掘出来的头饰、服饰

砖建造的房屋遗迹。古城特洛伊重建是在旧的房屋遗址上加盖新的，这就是为什么该城分这么多层的原因。

古特洛伊城有10个居住层，时间从公元前大约2920年至公元1300年，从青铜器时代一直到希腊、罗马和拜占庭时代。哪一层——如果能分清楚的话——是荷马笔下的特洛伊呢？施里曼认为是特洛伊II期（公元前2550—公元前2250年），这一时期城堡墙壁、神庙、宫殿群以及大规模的斜坡都是用泥砖建造的（至今仍让旅游者惊叹不已）。施里曼还发现了轮制陶器以及20多件令人叹为观止的珍宝，即"普里阿摩斯的财宝"，都是金子或其他贵金属打造的。

施里曼挖出了特洛伊城堡规模宏大的防御工事，把它归入第Ⅵ层（公元前1740—公元前1180年）。德普菲尔德的看法也许更为靠谱，他认为这是荷马时期的特洛伊。这段时期通常被认为是古特洛伊文明的巅峰时期，比施里曼预想的要晚1000年。

布利根把分层进一步细化，认为上述防御工事属于第Ⅶ层，时间介于公元前1300至公元前1210/1180年间。不过，最重要的不在重建日期的确定，而在于对整个城区的全面把握。

以前，学者们认为特洛伊只是一个小小的城堡，周围是高大的石头城墙，面积还不到半英亩①大。多亏了最近的考古挖掘，我们现在知道，特洛伊实际上面积达到75英亩，在城堡下面还有规模很大的低处城区。低处城区很拥挤，有民居、商店、工匠铺、作坊、畜栏、圣祠，甚至还有医院。我们估计，特洛伊城里住有几千人，不足一万。

周长将近一英里的城墙保护着低处城区。城墙以石头为地基，上面用泥砖建成。城墙外是一条壕沟，从基岩中凿出；还有木栅栏，用来防御战车攻击。低处城区的守护者可以利用地下河流的活水（被人们当神一样敬奉着），通过凿出的500英尺隧道钻入地下。

城堡围墙周长1150英尺，高33英尺，宽16英尺。20英尺高的石基向外倾斜，使墙体很难攀爬。石基顶部用泥砖建造，高达13英尺。一座30英尺高的护城塔守护着南部大门——有可能是城堡的主要入口。

新的考古挖掘并非没有引起争议。批评家认为，护城壕沟是排水用的。特洛伊的城市地址究竟是在土耳其还是在其他地方也存在争议。可是壕沟是往上走的，因此不可能用来排水。希萨利克非常符合荷马对特洛伊的描述，可以肯定，特洛伊城在其他地方的可能性不大。

---

① 1英亩约为4046平方米。——编者注

▼ 尽管没有找到特洛伊木马存在的证据，但是这种攻城方法是青铜器时代的惯用策略

没有理由去怀疑特洛伊战争确实发生过。毕竟，古代作家都深信不疑，甚至最现实的修昔底得（Thucydides）也只是对战争起因有异议：是因为一个女人还是因为权力和财富。考古结果表明，特洛伊存在一种与赫梯语相关的语言，从而使赫梯文本中所说的"特洛伊人是赫梯人的同盟"更加可信。阿希亚瓦这个名字有明显的亚加亚痕迹。而亚加亚在荷马的作品中有记载。赫梯文本中阿希亚瓦与赫梯人打仗并建立外交关系。赫梯人所在地就是现在的土耳其大陆。

大约公元前1180年，一场大火毁掉了特洛伊。挖掘者找到了武器，有箭头、矛头和投石器射出的石头，还有未安葬的人骨。所有这些表明，特洛伊城受到了突然的猛烈袭击。根据最近的考察，特洛伊城附近的城镇可能是在公元前1200年左右被废弃的，这与入侵说是一致的。

总而言之，考古发现与文本记录都支持古代作家的惯有观点，即希腊人攻陷并洗劫了特洛伊城。这虽然无法与法庭审理罪犯时用来举证的材料相比，但确实非常可信。

◀ 图为阿伽门农的面罩，1876年由施里曼发现

艺术与文化

带你去发现，古希腊神话是怎样影响艺术、文学，以及世界上最伟大的头脑的。

172	荷马的传说	**198**	古希腊神话的现代视角
178	艺术与神话	**204**	古希腊神话遗产
189	古希腊哲学		

荷马的传说

荷马史诗是古希腊神话最早、最重要的文字记录，但是荷马本身却是一个神秘人物。

荷马是欧洲文学的奠基人，是古希腊文化历史上最重要的人物。人们被荷马史诗所吸引，进行记忆、引用、查阅，还有专业人士在公开场所进行诵读（史称荷马史诗吟诵者），对它的讲授更是贯穿整个古风时代。这些史诗超越希腊各自为政的城市和社区，成就了荷马的尊崇地位。在还没有《圣经》这类书籍的时代，《伊利亚特》和《奥德赛》有着特殊的权威和重要意义。

荷马的史诗和赫西俄德的《神谱》是关于古希腊神话最早的文字材料。没有什么比这些作品更重要、更具影响力了。甚至有人说，荷马赋予了古希腊人诸神。赫西俄德更多地是对诸神关系进行描述，荷马没有提到他们的正式职位，而是赋予他们性格与癖好，赋予他们生命。他用家常的方式描写奥林匹斯山上的诸神：为了互相欺骗和通奸而不合、争吵；他们会讨好，甚至会操控对方。他让他们在地球上毫无顾忌地打架（不过他们需要得到宙斯许可）。在史诗中，也有更为严肃、"精神性的"时刻，即盛会。诸神盛会对古希腊人有着深远的影响，左右着他们怎样看待诸神和神话，已经远远超过了荷马所讲的故事本身。

在荷马的作品中，无论是行为方式，还是欲望与弱点等——除了人会死神不会死，神快乐而人不快乐之外，诸神和凡人没有什么两样。对凡人来说，行为会产生永久性的后果。而对神来说，后果只是暂时的。诸神可以插手凡人事务，偏袒某一方——如他们在特洛伊战争中。但事情一结束他们立马回去饮甘露吃美食，忙自己的事情去了，就像看完运动比赛的粉丝。荷马甚至让诸神看着希腊人和特洛伊人打仗，就好像他们在观看一场战车

《伊利亚特》和《奥德赛》是历史上最著名、影响最大的两部史诗。

▶ 传说，荷马是个盲人，跟《奥德赛》中的游吟诗人得摩多科斯（demodocus）一样

战争之诗：《伊利亚特》

《伊利亚特》截取了十年特洛伊战争中的几周时间，而且只讲述了一个故事情节：卓越的希腊英雄阿喀琉斯与卓越的希腊国王阿伽门农有了过节，从战争中退出。

《伊利亚特》是一首长诗——吟唱诗人需要30个小时才能唱完——但是节奏很快。情节围绕希腊人和特洛伊人之间残酷的战争展开。在赫克特的领导下——当然了，还有宙斯的支持——特洛伊人取得暂时的优势。

希腊人恳求阿喀琉斯返回战场，但是他拒绝了。直到后来形势发生变化，他才回去参加战斗，杀死赫克特。阿喀琉斯对赫克特的尸体很不敬。于是赫克特的父亲，即特洛伊的国王普里阿摩斯恳求阿喀琉斯归还赫克特的尸体，承诺双方暂时和解，彼此仁慈相待。史诗以希腊人和特洛伊人的葬礼结束。

尽管在《伊利亚特》里，共有264人死掉。但整部史诗中也不缺乏生活的快乐：美食、饮酒、友谊和性。结尾尤其意味深长，因为读者都清楚，诗中的所有人最后都不会有好下场。

▼ 希腊英雄阿喀琉斯杀死了特洛伊国王普里阿摩斯的儿子，图为国王在请求阿喀琉斯归还儿子的尸体

比赛。

诸神古怪的姿态偶尔会让人觉得轻松、幽默，更多的则是让人感受到与希腊人残酷的现实生活形成的鲜明对比。后世的一位罗马作家说过，荷马把人变成神，把神变成人。凡人有着更多心理和道德方面的纠结。这可能是因为人的行动有含义，并会产生影响。这种感觉也许会让人生出一种特殊的尊严感。还有，有些凡间英雄更容易犯错误，人们就说他们"像神一样"，这并非无凭无据。除了不能永生之外，凡人有着神的很多特点。

并非后世所有的思想家都认同荷马的说法。公元前4世纪，柏拉图曾禁止荷马进入他的理想国，就是因为荷马对诸神的描写。当然柏拉图也强调了荷马是富有影响力的诗人并且左右着人们的观念。荷马的史诗在很大程度上影响着古希腊人对他们的古代神话（对他们和对我们一样，都是古代神话）以及他们在宇宙中地位的看法。有英勇的凡人，他们奋力拼搏，想成为最好的；也有任性的神，他们会转眼间就把凡人的一切拿走。

神话在古希腊生活和文学中起着基础性的作用，并与宗教相互交织在一起。鉴于这些，我们可以说，荷马在古希腊文化中的地位非常高。

雅典伟大的悲剧作家埃斯库罗斯（公元前5世纪）只有一次采用了非神话的主题。他曾说自己的悲剧是"从荷马的盛宴中切下的一小部分"。如果没有荷马，古希腊人和他们的神话都会是另一番模样。

特洛伊战争就算真有其事，更多的也是虚构的，而非历史事件。在古希腊人的想象中，特洛伊战争之所以占据核心位更多地是因为荷马的史诗。《伊利亚特》和《奥德赛》两部史诗都提到这个宏大主题。神话的其他具体的细节，如冥府的景象，等等，也是荷马杜撰的。他描写过的事物并非严谨准确，但往往是其他版本的原始材料。《伊利亚特》和《奥德赛》中的场景常常会出现在视觉艺术中。这些荷马塑造的主题甚至还会出现在饮酒器皿上。

尽管如此，我们还是不能确定荷马是谁，以及他是否存在。我们甚至不清楚我们提起"荷马"时意味着什么。我们是指一个真实存在的人？还是两个人？一个传奇？一个传说或一群诗人？还是这两首史诗的象征人物？

▲ 海伦原先属于斯巴达，后来属于特洛伊，是她引起了特洛伊战争。图为她在观望前任丈夫和现任丈夫对决

这些并不是新问题。从至少公元前6世纪起，这些问题就困扰着古希腊人，并激起他们极大的兴趣。首先，他们关心的是荷马是谁，他归属于哪个城市。他们还研究，哪部史诗可以准确无误地归于荷马，他们对《伊利亚特》和《奥德赛》（这两部在古代普遍被认为是荷马的作品）的诸多版本进行筛选，只留下公认的这两部经典。

古代传记很不相同，有的借助于一厢情愿的猜想，貌似可信，有的则直接虚构。不过都受政治因素影响——荷马无论归属哪座城市，都会给这座城市带来巨大声誉。很多城市在学者们研究这些权威性的文本时，都会尝试采取相同的爱国策略。例如，雅典人曾强调过他们在特洛伊战争中的作用。

有7个城市声称荷马属于它们。这些城市是士麦那（Smyrna）、希俄斯（Chios）、克勒芬（Colophon）、伊萨卡、派娄斯（Pylos）、阿尔戈斯（Argos）和雅典。荷马的语言主要是带有亚洲特色的古希腊方言，而且明显与现代土耳其希萨利克周围的语言一致，这些都说明，假如这些城市的举证中有真实的，最有可能的是前三个城市。

除了《伊利亚特》和《奥德赛》之外，人们认为荷马还著有其他的作品，如宗教诗《荷马颂歌》。这部作品囊括了很多滑稽诗和质

> 在很长时间内人们都认为，《伊利亚特》是由多人写成，而不是只有一个作者。

量较差的史诗。不过，即便是在古代，人们也觉得他是上面提到的两部史诗当仁不让的作者。

关于荷马有着不可解开的根本性的谜。尽管如此，即便是在古代，诸多传记还是毫不避讳地提到一些细节。一个普通认同的版本说，荷马是一个盲人，和《奥德赛》中的吟游诗人一样。人们认为，盲人富有灵感，能用心灵看到眼睛所看不见的东西。离荷马生活的时代越远，传记作家们写得似乎越不切实际，故事会越注重细节。到公元前5世纪，关于荷马的学术研究或伪学术研究蓬勃发展起来，一直到现在都很兴盛。

那么，关于荷马我们目前了解些什么呢？可以肯定的是，《伊利亚特》和《奥德赛》是口述诗歌的巅峰，其中的故事通过吟唱的形式代代相传。如果特洛伊战争确实存在，那么肯定发生在公元前1200年左右，或许更早些。《伊利亚特》有可能写于公元前8世纪后期，或者更晚些。《奥德赛》可能在之后的20到50年间写成。很多学者认为这两部史诗由不同的作者写成，但有人不同意。这两部史诗在语言和方法上是有不同，但是连亚里士多德都认为《奥德赛》是同一诗人的晚期作品。这些都不足以盖棺论定。

史诗的语言很独特，是没有人使用过的语言。希腊东部的语言在当时处于统治地位，但史诗融合了不同地区、不同时期的方言，是一种杂合体。有的单词在别的文字资料中从未出现过。有的已经非常古老。这样做是有实际原因的：要把正确的音节数放到诗行中去。这样就使得史诗不仅古老，而且在当时的人看来很奇怪。毕竟，诗中所描绘的是作者出生500年之前的世界。史诗的世界同样是新旧混合。就像青铜器时代和铁器时代的技术与做法混合在一起。受到公元前1600年至公元前1100年的早期迈锡尼的影响很明显，但描述却总是不够准确。比如说，这位《伊利亚特》的诗人并不完全理解在战争中战车怎么使用。在其他时代，一些废弃的做法却被描写得很准确。这不难理解：史诗都是古老的传说故事，由一个或几个诗人写成，而这些人并非完全理解所写内容（尽管他们谙熟人性），于是添加了自己时代的细节。

◀ 荷马的半身像，在距离他生活的时代（或许他压根就不存在）几个世纪后雕刻完成

▲ 图为现在属于土耳其的希萨利克发掘出的遗迹，尽管存在争议，但还是会被看作古代的特洛伊城

有许多细节具有暗示性，我们可以据此进行推测。但是我们依然不知道谁是荷马，在什么时间，他做了什么。可以确定的一件事是，"想法多的荷马"（人们有时候这样称呼他）所创作的史诗超越了他所处的时代。实际上，他广博的同情心，广阔的视野，都使他比他创造的神更像神。希腊人，特洛伊人，女人，甚至是奴隶都得到了富有同情心和人性化的对待。尽管两部史诗都很暴力，但也有些场景让人感到温暖，生出理解和同情。综上，荷马不仅仅属于一个民族、地域，以及时代。

《奥德赛》：故乡的诗

特洛伊战争结束，希腊人获胜，奥德修斯用了十年时间返回家乡。途中，他被多情的女神和吃人的独眼巨人囚禁过；船曾遭遇失事；曾被派往冥府向死者征求建议；曾被迷人女妖的歌声迷惑过；曾受到袭击、骚扰，行程一再被延迟，一路遭遇闻名后世的惊险事件。

与此同时，他妻子佩内洛普不仅忠诚，而且很有气魄，一直在等着他回来，并竭尽全力守护着他们的家。并将他们的儿子忒勒玛科斯（Telemachus）抚养成人。

奥德修斯风雨兼程，只为回到渴望已久的家，而家人也在盼望着他回来。这与以往的故事很不相同。在老调的故事里，年轻的英雄要出去冒险，而在这个故事里，奥德修斯已经不年轻，他不想冒险，他只想回家。

在古希腊神话中，在计谋、口才和智慧方面，奥德修斯可谓众多英雄中的佼佼者，尽管他只是个战士。他的保护神是诸神中的雅典娜，他们之间有一种朋友般的情谊。《奥德赛》的结局很血腥，甚至残忍，但依然是快乐的。

▲ 图为奥德修斯的妻子佩内洛普。她是古代最有名的女性之一，是忠诚和智慧的代名词

艺术与神话

自远古时期起，神话一直都是艺术与文学的主要灵感来源之一，但没有那哪种神话能像古希腊神话一样，影响如此巨大。

古希腊人的神话最早在几千年前出现，但对我们今天的艺术和文学依然有着深厚的影响，依然是灵感来源。每一个画廊、博物馆和雅致的家庭都摆满来自古希腊神话灵感的艺术品：描绘寻欢作乐的神、有缺点的英雄、悲剧性的女主人公，以及根据古希腊神话故事创造出的一些主题。这些主题与人们的生活息息相关，多个世纪里，一直为人们所喜闻乐道。古希腊人借助神话故事来解释复杂的现象，提供娱乐，而且最为重要的是，神话成了他们宗教信仰和各种庆典的关键部分。

不过，古希腊人尽管敬奉这些神，对他们心存敬畏，但从来不认为神绝不会犯错或完美无缺。古代神话中出现的男女诸神和英雄们跟凡人很相像。他们会坠入爱河，会失恋，会和家人、朋友吵架，会遭遇失败，会为成功而欢欣雀跃。这些与人相关的特点使古希腊人更加热爱诸神，因为他们把奥林匹斯山的居住者们看成了吵吵嚷嚷大家庭的同族，从而使这些神话具有了永恒性，自出现以来一直深受欢迎。古希腊的很多神话故事已经遗失，但是多亏了古罗马人，存留下来的数量依然大得惊人。当年古罗马人满心欢喜地把古希腊艺术与文学的主题和风格窃为己有，已经到了难以将两者区分开来的程度。古罗马在拷贝古希腊的同时，还把古希腊的作品为后代留存下来。这也多亏了古罗马人对古希腊戏剧的喜爱，尤其是悲剧，现在被看作神圣酒神仪式的进一步发展。

> 奥维德的诗对艺术家和诗人的想象力影响最大。

▶ 图为著名的海神嘉拉蒂娅（Galatea）壁画，作者拉斐尔，1514年为罗马的法内仙纳庄园绘成。目前依然是意大利文艺复兴艺术中有关古希腊神话的最为精美的作品

欧里庇得斯、索福克勒斯和埃斯库罗斯的作品到今天依然可以读到。他们的戏剧和荷马的作品，都深受古罗马人的欢迎，也因此，这些古代的故事没有淡出人们的记忆。荷马则把神话编入了史诗中。

对古希腊神话的这种兴趣被奥维德（Ovid）的作品进一步激发。奥维德在盖维斯·屋大维·奥古斯都①时期很活跃，与维吉尔（Virgil）和贺拉斯（Horace）是同时代人。他最受欢迎的作品是《变形记》（*Metamorphoses*）。据说这部史诗把世界历史按时间顺序记录下来，融合了现实与神话。里面有250个神话，把现在人们所熟知的神话故事介绍给了新的观众，这些故事有注定没有好结局的《那西索斯与厄科》的爱情故事，还有不得善终的《杰森与美迪亚（Jason and Medea）》的婚姻故事。古罗马人被这些生动、浪漫富有戏剧性的故事所吸引，很快加以吸收，融入自己的艺术风格中，将其作为艺术与文学的灵感来源。对古希腊神话的这种兴趣因奥维德作品的广受欢迎而增强，同时也意味着，古罗马人能完全欣赏希腊化时期优秀的作品——尤其是雕刻，包括备受尊崇的作品《望楼的阿波罗》（Apollo Belvedere，著名的大理石雕像，罗马复制品），以及令人难以置信的《拉奥孔和他的儿子们》（Laocoon and His Sons，从希腊运来，安置在皇宫里）。

奥维德和其他古罗马作家，如维吉尔等也从这些古代故事中攫取灵感。他们在后世备受欢迎，也因此才使得古希腊神话在古罗马灭亡以及古典时期结束后没有遗失。但是在神话中，古希腊诸神爱酗酒，与他人私通，激烈地争吵，女人报复心强，怪兽很可怕，如此等等。随着基督教的兴起，人们开始看不惯这种世俗而且常常直白表达肉欲的主题。艺术家们也深受打击，不再积极表达古希腊神话主题。基督教的信徒认定神只有一个，毫不掩饰他们对古老异教的蔑视。在他们看来，异教信仰反映了古人的原始与道德沦丧。

① 公元前63年9月23日—公元14年8月19日，原名盖乌斯·屋大维·图里努斯（Gaius Octavian Thurinus），后三头同盟之一，罗马帝国的第一位元首，元首政制的创始人，统治罗马长达40年，是世界历史上最为重要的人物之一。——译者注

乔万尼·薄伽丘

人文主义者、作家、诗人乔万尼·薄伽丘1313年在佛罗伦萨附近的切塔尔多（Certaldo）出生。他出身于富裕的中产阶级家庭，受到了良好的教育，学习法律，而且对其他研究领域也很感兴趣，并与其他著名学者保持着联系。他很快对荷马的作品产生兴趣，并最终把《伊利亚特》和《奥德赛》首次翻译成拉丁语，使之拥有了大量的新读者。他还翻译了欧里庇得斯和亚里士多德的古希腊语作品。在朋友彼特拉克的鼓励下，他写出了备受欢迎的《论异教神谱》，理清了古希腊和古罗马万神殿诸神复杂（且不说公然的乱伦）的关系。现在，他最为知名的可能是短篇小说集《十日谈（Decameron）》。小说集里共有100个故事，多数讲的是不同类型的爱。薄伽丘职业生涯漫长，硕果累累，受人尊敬。1375年，他在切塔尔多的家中去世。

▼ 薄伽丘把自己的一生贡献给了古代文本研究，在意大利文艺复兴时期，很少有作家像他这样影响深远

▲ 与波提切利（Botticelli）的绘画《维纳斯的诞生》不同，属于他最著名的作品之列的《春》秀美而且神秘，需要深刻理解古希腊神话才能很好地理解它

这一时期对神话的兴趣并未完全消失，但更多地鼓励艺术家们绘画和雕刻时从《圣经》中取材。人们认为，《圣经》可以陶冶情操，要健康得多。从这个时候起一直到文艺复兴时期，艺术的主要目的是美化上帝，颂扬基督教。关于古希腊神话的艺术表现一直被禁止。这种情况持续到14世纪。意大利学者和诗人彼特拉克重新点燃了人们对古希腊神话的兴趣。同为人文主义者的薄伽丘也同样从古希腊神话中寻找灵感。他创作于1360年的《论异教神谱》（Genealogia Deorum Gentilium）是一部百科全书，梳理了古代神与凡人之间令人费解的纠结关系，是未来两个世纪里关于古希腊神话最权威的读本。薄伽丘的书很应景：艺术家们对专注于宗教主题开始变得不满足、不满意，急于通过新鲜的思想激发灵感。

文艺复兴运动在意大利传播开来，然后扩展到了欧洲大陆其他国家，作家和学者们开始热衷于人文主义理想（在古希腊哲学家柏拉图思想的基础上发展起来）。人们对古希腊神话重新萌生出兴趣。

▼ 1506年,特洛伊祭司拉奥孔和他的儿子们的古代雕像作品在罗马被发现,很快引起艺术家和雕刻家的兴趣

文艺复兴时期的意大利人和他们的古罗马祖先一样,被古希腊诸神生动的故事所吸引,并把神话看作统治文化几百年、起始于"黑暗时期"的基督教故事的重要参照物。新的一代向古希腊寻求灵感,欣赏古希腊哲学。而最让他们感兴趣的是多姿多彩、已经成为宗教信仰基础的古希腊神话。很快,艺术家们开始把对古希腊的感觉融入作品中,常常把古希腊和基督教的象征意义结合起来,创造出全新的内容。

每个人都应该完全了解自己、充分发挥个人才能的观念产生。随着这种观念和人文主义的兴起,在人们眼里,古希腊神话与基督教在艺术中的融合成了一种表征,表现了人类内在的混乱,以及每个人都会有的神圣与亵渎之间的持续斗争。古希腊神话故事依然生机勃勃、意义丰富,而且随着时间推移流传越来越广,更多的人们开始理解作品的内容。艺术家们按照自身的审美标准欣赏这些故事,变得大胆起来,开始创作没有任何基督教背景的古希腊神话绘画。富有的主顾——如梅迪奇家族——以博学为荣,认为对古希腊神话的品鉴能力是一个人真正文明、有教养的标志,于是委托他人创作以神话为灵感的古典绘画。这样就促使古希腊神话主题的作品更加常见。事实上,

> **文艺复兴时期的意大利人被古希腊诸神热闹的故事所吸引。**

《米洛的维纳斯》①
(venus de milo)

令人神往的《米洛的维纳斯》现在被誉为世界上最著名的雕像之一,曾一度丢失,直到1820年4月8日在希腊岛上被偶然发现。这个雕塑由古希腊雕塑家——安提阿克的亚历山德罗斯(Alexandros)最初在公元前130年至公元前100年间创作出来,立于岛上的一个小教堂里。后来这里成了废墟,雕塑被遗忘,直到最后被两个找石头的农民发现。一开始人们以为这是著名雕塑家普拉克西特列斯(Praxiteles)的作品,后来在雕塑底座上发现了"亚历山德罗斯"的题名,这才找到了真正的作者。自被发现以来,这尊雕塑一直陈列在卢浮宫(Louvre),巴黎公社和第二次世界大战时期曾短暂搬移出来过。现在,维纳斯的雕塑依然是博物馆最著名、最受欢迎的艺术品之一,继续用她气定神闲的美启发着艺术家们。

---

① 又称断臂维纳斯。——译者注

▶ 雕塑"米洛的维纳斯"在19世纪早期被两位农民发现。该雕像现在成了世界上最重要、最美丽的雕刻作品

▲ 图为华美的《马尔斯和维纳斯》（Mars and Venus），出自法国艺术家大卫之手，描绘的是古希腊诸神家园帕耳那索斯山上众神嬉闹的一个场景

查尔斯的法国王后亨利埃塔·玛丽亚（Henrietta Maria）也喜欢神话，常常穿着由伊尼戈·琼斯（Inigo Jones）设计的华丽服装，装扮成女神模样。

由于文艺复兴的发展，尤其是因为上述原因，人们越来越渴望对古希腊神话能有基本的了解。

基督教主题依然占主导地位。尽管如此，很多文艺复兴时期精美的艺术品都是从古希腊神话中汲取灵感。最为著名的作品出自佛罗伦萨诸画家之手。这些画家有桑德罗·波提切利，作品《维纳斯的诞生》和《春》，均创作于15世纪80年代，灵感主要来自古希腊神话。《维纳斯的诞生》是波提切利对《维纳斯在海上升起（Venus Anadyomene）》主题的阐释。后者描写了爱神阿弗洛狄忒从海上升起，逐渐成型的故事。而《春》则更加复杂，只有对神话和柏拉图的理论有较深刻的理解才能看懂。波提切利的《帕拉斯和人身牛头怪》（Pallas and the Centaur）也创作于该时期，同样也很复杂，甚至主题都不明确。不过在描写的是女神弥涅耳瓦这一点上大家的看法通常还是一致的。绘画的内容是这位知识与智慧女神引诱代表放荡与感官享受的人身牛头怪。与波提切利同时代的拉斐尔更多地因为绘画和肖像画而闻名，他根据顾客要求进行创作。尽管如此，他还是创作出灵感主要来自神话的作品——精美的《伽拉忒亚》（Galatea）。这是一幅壁画，是他1514年为罗马的法内仙纳庄园（Villa Farnesina）创作的。拉斐尔的作品描画了海的女神伽拉忒亚，让人很容易想起波提切利笔下的四肢娇柔、美丽优雅的女神们。伽拉忒亚是独眼巨人波吕斐摩斯的心爱之人，却爱上了英俊的埃西斯，结果惹恼了巨人。人们普遍认为这是一个古希腊神话，但它更有可能是奥维德撰写《变形记》时编造出来的。

伽拉忒亚非常美丽，有谣传说拉斐尔把罗马最漂亮的女人融合成一体，才创造出了这个完美的形象。

伟大的列奥纳多·达·芬奇同样痴迷于古希腊神话。不过遗憾的是，他最为著名的古典作品《丽达与天鹅》已经丢失。美丽的丽达抗拒宙斯，一直到他神奇地变成一只天鹅。这个故事在文艺复兴及之后的时期非常受欢迎，出现了好几个不同的版本。列奥纳多·达·芬奇一开始计划刻画坐着的丽达抱着刚从卵里孵出的孩子的形象，但后来改变了想法，画成了她和天鹅在一起的场景。原作最后的登记显示在枫丹白露宫（Palace of Fontainebleau），现在已经丢失。尽管如此，原作的一些素描件却保存下来，而且有好几个版本。米开朗基罗和列奥纳多是同时代人，两人还是对手。列奥纳多和米开朗基罗一样，灵感不

> 很多人认为，古希腊神话的研究对理解西方文学至关重要。

仅主要来自古代神话，还来自古希腊的雕像。这些雕像充满活力，色彩艳丽，具有明显的现实主义。1506年在罗马，当古代雕塑《拉奥孔和他的儿子们》重新被发现的时候，两位艺术家都非常激动。

这座雕塑刻画的是特洛伊祭司拉奥孔和他的儿子们被蛇咬死的场景，蛇是波塞冬派来的，因为拉奥孔在神庙里的不当行为惹怒了他。这件作品具有惊人的震撼力量，让艺术家们着迷。他们很快开始复制雕塑扭动的胳膊和痛苦的表情。15世纪中期发现的《望楼的阿波罗》（Apollo belvedere）同样令人兴奋异常，尽管这个雕塑只是古罗马人对古希腊原件的仿造，但是依然被看作完美体现了古希腊艺术技巧，并反过来激发米开朗基罗的灵感，让他创作出《大卫》。《贝维德雷的躯干》（Belvedere Torso）也引发了同样的兴趣。这是一个不完整的雕塑，整体可能刻画的是《伊利亚特》结尾处自杀的英雄大埃阿斯（Ajax）。

从文艺复兴起，古希腊神话继续强有力地影响着诸多艺术家和作家，逐渐成为已经扎根的艺术风格的组成部分，像艺术中占主导地位的基督教主题一样具有可辨识性。在北欧，对古希腊神话的描画不如在意大利和南欧那么繁多，但依然很受欢迎，尤其是在英国和法国的王宫，里面全都装饰着华美的壁画、雕塑和绘画，取材全部来自神话。在英格兰，诸如莎士比亚、马洛和弥尔顿这样的作家都深受神话的影响，并从彼特拉克和薄伽丘那里获取灵感。斯图亚特王朝时期，古希腊神话在宫廷中占有很特殊的位置，尤其是在查尔斯一世统治时期。查尔斯收集了大量的艺术品，充满了他喜欢的神话情节。其实，查尔斯国王的爱好很显然也被他的臣民所接受，因为当国王被处死、这些作品被拍卖的时候，古典绘画往往能拍得最高的价格。

查尔斯的法国王后亨利埃塔·玛丽亚也喜欢神话，常常穿着由伊尼戈·琼斯（Inigo Jones）设计的华丽服装，装扮成女神模样。她的这种别出心裁被她法国的侄子路易斯十四进一步发扬光大。他认为自己是太阳神阿波罗再生，创制了一整套让臣民膜拜的仪式。从16世纪起肖像画开始大受欢迎，越来越倾向于把模特画成男女诸神、小仙女或英雄的模样，穿着巧妙搭配的长袍。在18世纪，包括玛丽·安托瓦内特（Marie Antoinette）在内的年轻女性流行把自己画成宙斯和赫拉的女儿赫柏（Hebe）的模样。赫柏是司青春的女神，而且是奥林匹斯山万神殿里的斟酒人。

在同一时代，对于古希腊神话，拉辛（Racine）的戏剧，亨德尔（Handel）、格鲁克（Gluck）和莫扎特的歌剧给整个欧洲痴迷的观众带来了全新的解释。格鲁克的《伊菲姬尼在奥利德》（Iphigenie en Aulide），取材于阿伽门农和克吕泰涅斯特拉的女儿依菲琴尼亚的故事。依菲琴尼亚在父亲船队赶往特洛伊之前自杀了。这是一个悲剧故事，非常凄美，1774年4月在巴黎首次公演时引起轰动。格鲁克的作品在法国之所以受欢迎得益于他的赞助人玛丽·安托瓦内特，因为她热爱取材于古希腊神话的爱情故事和戏剧。而且她的这种热爱还不止于此，还影响着她的时尚选择以及住处的装饰风格。

紧随法国革命而来的是浪漫主义时代，古

> 尽管对古希腊神话的秉信势头减弱，但是对富有创造性的人来说，这些依然是寓言的来源。

希腊神话继续为艺术家、诗人和作家提供丰富的想象、灵感以及扣人心弦的故事。这样的故事常常被拿来影射当时的大事，如格雅（Goya）的《农神吞噬其子》（Saturn Devouring His Son）。这部作品绘于19世纪20年代，画的是泰坦神克洛诺斯害怕孩子会推翻自己登上王位，于是在孩子刚生下来时就吞掉。这与同时期法国艺术家大卫最后的伟大作品（毋宁说是荒谬的作品）《维纳斯解除战神马尔斯的武装》（Mars Being Disarmed by Venus）形成鲜明的对比。后者明显是18世纪浪漫主义的倒退，丝毫没有格雅绘画的严肃性。

在同一时代，这种对古希腊神话截然不同的解释持续着，有的艺术家主要从凄凉的故事中汲取灵感，而有的则把精力集中在年轻人浪漫、苦乐参半的故事上。在英格兰，影响深远的诗人济慈、拜伦和雪莱都深受古希腊神话，尤其是荷马著作（19世纪重新受到大众欢迎）的影响。之后，前拉斐尔派运动同样从这些古代的故事中汲取灵感，而且很明显非常迷恋特洛伊的女人们，尤其是卡桑德拉（Cassandra）和海伦。到现在，古希腊神话已经成为该国文化不可分割的部分，越来越得到人们的认可，很多人能把诸多男神女神区别开来。流行的故事得到普遍接受，几乎人人都很熟悉。

古希腊神话很流行，这种状况贯穿20世纪，一直持续到今天，很多作家和艺术家仍然从这些神话中汲取灵感，如让·谷克多（Jean Cocteau），纳撒尼尔·霍桑，T.S.艾略特，詹姆斯·乔伊斯。更晚一些的是玛德琳·米勒。她创作的《赛丝》对奥德赛和妖女赛丝的故事进行了重新解读，非常受欢迎。描绘古希腊神话的艺术作品同样受欢迎。古希腊人曾称他们的神是不朽的，会永远驻留在人们的心田、脑海，而以上事实证明，他们的看法是正确的。

桑德罗·波提切利

亚历山德罗·迪马里亚诺·迪范恩·菲利皮（Alessandro di mariano di vann filippi）就是后人所熟知的桑德罗·波提切利。他约于1445年在佛罗伦萨出生，父亲是制革工人。年轻的波提切利很早就显露出才能，16岁时受到艺术家芙拉·里波·里皮的欣赏，之后6年一直和他在一起。

尽管波提切利明显深受里皮的影响，但是基本的风格是属于他自己的，而且这种风格在他的整个艺术生涯中不断发展。他创作出了一些最为精美的基督教艺术品，其中包括西斯廷教堂的壁画。他最为著名的作品依然是优美的《维纳斯的诞生》，以及迷人而又神秘的《春》。这两部作品的灵感均来自古希腊神话。他另一幅重要的作品是《马尔斯和维纳斯》。图中，两位神慵懒地在草地上休息，这幅画作极可能是用来装饰婚房的。波提切利的职业生涯漫长，受到了富有且影响力巨大的梅迪奇家族的赞助，一直保持高产状态，直到1510年在佛罗伦萨去世。

▼ 这是波提切利借用古希腊神话创作的最有名的画作，描绘的是女神阿弗洛狄忒从海上升起，完全成型的美丽画面

古希腊哲学

最早出现的是神话。最早的人类为了解释世界开始讲稀奇古怪的故事。后来出现了哲学家。

在哲学家出现之前,人们一直认为人是万物的中心。在古希腊人的想象中,神跟人大体相同,只不过拥有超能力而已;他们彼此之间争斗不休,充满戏剧性,就像一部宇宙肥皂剧。不过,随着哲学的到来,这种看法开始改变。哲学家开始探究这样一种想法:人属于一个更大的系统,但不一定是最为重要的部分。他们追问我们在更广阔的宇宙所处的位置,世界及其各个组成部分由什么构成,以及世界是怎么形成的。他们发现编造的故事再也不足以解释自然的本质,还认识到,专注的研究和推理是寻找真正答案的唯一途径。

探索使他们走上了一条条令人困惑的死胡同,根本看不到希望。不过,他们偶然所得的很多东西却非常正确,为他们之后一代又一代的思想者铺平了道路,而且为我们今天已经掌握和依然探索的知识打下了基础。他们给出的并非永远都是正确的答案,但他们总是能提出正确的问题,而且常常认为问题远比答案重要。

苏格拉底前的哲学家指的是先于苏格拉底或至少不迟于他的那些人。他们是最早用新的方法研究自然、世界(宇宙)和宇宙起源的哲学家。

米利都学派(Milesian school)得名是因为其思想由来自米利都的哲学家们提出。他们认为,所有有生命的一切事物都以一种单一的物质为基础,不过他们对单一的物质究竟是什么有着不同的看法。泰勒斯(Thales)认为,现实世界的根基是水。

以弗所学派(Ephesian school)的赫拉克利特(Heraclitus)提出,火或者是与火类似的东西是最基本的元素。根据这种理论,任何事物都一直处于"燃烧"状态,每一个"形式"都不

> 英语的"philosophy(哲学)"一词源于希腊词"Philo"(意思是"爱着")和"sophis"(意思是"智慧")。

◀ 图为《雅典学园》(*The School of Athens*),是拉斐尔最著名的壁画之一

柏拉图的理想国

《理想国》或许是柏拉图最为著名的作品。他在里面提出了完美政府的概念。全书是苏格拉底和其他人之间的一系列对话,探讨了公正的意义,对大量现存的城邦进行了讨论,然后提出一些假设。

在柏拉图看来,政府是必需的,这是因为人们并非个个都完美,总会有些人从根本上优于其他人。他把人分为两种:意志薄弱、屈服于自私愿望的人和正直、富有人格力量且拥护柏拉图"善"的理想的人。他还提出社会结构分为三层:统治者、士兵和商人。

令人奇怪的是,哲学家因为丰富的德性以及对思想和形式的理解而处于最高层。士兵同样具有美德,但是更喜欢行动而不是深刻的思考。商人是每日做苦工的人,他们渴望拥有物质,渴望与他人上床。

柏拉图把他的理想城叫作美好城邦(kallipolis),并认为这是介于民主和专制之间的第三条全新的道路,因为前两者都奖励自私。他确信,哲学家统治国家,出发点是大多数人,而不是少数人。

▼ 图为1401年柏拉图的《理想国》得拉丁版手稿

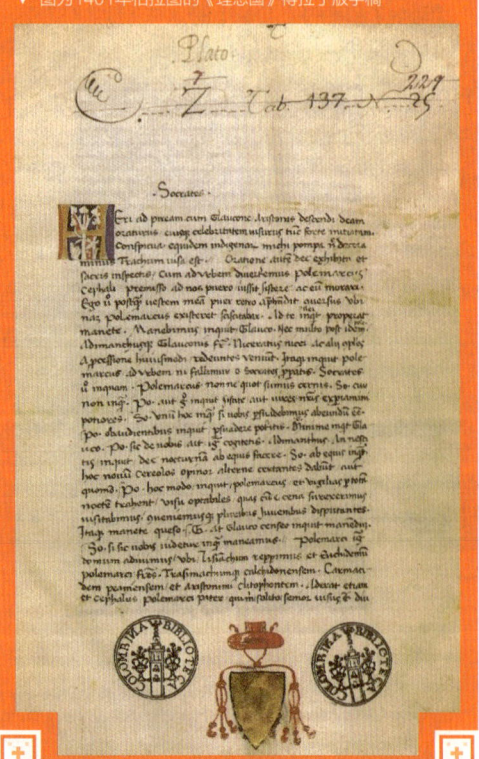

停地与对立面相互作用,从而使宇宙处于不断的运动状态。

爱利亚学派(Eleatic School)因爱利亚的巴门尼德(Parmenides of Elea)而得名。巴门尼德把精力集中在思考本身。他认为,一直以来存在、现在依然存在的那些真实的、有形的现实与我们的观念之间肯定有断层。变化是一种错觉。任何存在的事物肯定是一直都存在的,因为不存在的事物根本就不存在。

多元化学派纠结于上面的复杂概念,试图将其与死亡和毁灭这样的大事统一起来。恩培多克勒(Empedocles)认为"不存在"是不可能的,还认为,物质可以无限制地加以组合和循环(这包括再生的概念)。阿那克萨哥拉(Anaxagoras)认为,任何事情都是永远存在的,都是由数量无限多、小得难以想象的东西组成。阿那克萨哥拉的学说为原子论学派(Atomist School)的产生作了准备。原子论学派认为,所有物体都由不可见的原子组成,甚至连灵魂这样的形而上概念也不例外。

毕达哥拉斯(毕达哥拉斯学派(Pythagoreanism)因他而得名)认为,数是现实世界的基础,因为所有的东西都可以用数来界定。他发现竖琴的琴弦长短不一,各有比例,合而奏出和谐之音。根据这一点他推断,星星的数量与和谐之间也存在着相同的关系,星星在天空移动时,会奏出"星球之音"。

但哲学并不是仅仅关涉宇宙。比起深奥难懂的关于现实基础的讨论,哲学家更关注人。如普罗泰戈拉(Protagoras)就提出"人是万物的尺度"。人类行为没有放之四海而皆准的标准。人们作为个体,应该依据社会和政治环境行事,给自己和他人带来最多的利益。

以上各个学派都为苏格拉底、柏拉图和亚里士多德的古典哲学奠定了基础。人们普遍认为,

> 人们普遍认为，是苏格拉底把哲学纳入他那个时代雅典的主流话语体系。

是苏格拉底把哲学纳入他那个时代雅典的主流话语体系。柏拉图跟随他的脚步，把很多据称出自苏格拉底的想法加以传播（我们看到的只是柏拉图的文字。这些文字称他对苏格拉底的引用是绝对无误的），而他著名的对话也引发了人们的争论。亚里士多德是柏拉图学园的学生。他后来脱离老师，把主要精力用到从经验观察而不是从高度的推理中获取知识。

接下来是古希腊哲学时代，一直持续到公元前1世纪30年代早期罗马帝国建立。"古希腊"这个词的英语形式"Hellenistic"源于"Hellas"，意思是希腊。这些哲学家和原先的

▲ 新柏拉图派思想影响了希坡的圣奥古斯丁（Saint Augustine of Hippo，公元前354—公元前430年，最受人尊敬的基督教徒之一，曾经请求上帝帮助他得到"纯洁与节欲"）

▲ 弗朗西斯·培根爵士（Sir Francis Bacon）曾一度认为自己属于原子论学派

▲ 赫拉克利特认为，没有相同的事物，就像水流里永动不歇的河流一样，没有一成不变的事物

哲学家一样更为关心日常生活而不是宇宙物质。

古希腊哲学流派众多，各不相同，以下是较为重要的几个。

斯多葛学派（Stoicism）兴盛于公元前3世纪，由季蒂昂（Citium）的芝诺（Zeno）普及推广。这个学派限制个人欲望，接受生活抛给个人的一切。还认为情绪会引起错误判断，毫无意义，因为自然事件无法控制。

怀疑论（Skepticism）学派对判断持怀疑态度，伊利斯的皮浪（Pyrrho）是这种思想的支持者。我们不能相信个人的感觉，永远无法确定事情的真相。我们只能有想法，而这些想法永远具有可争议性。这个流派是诡辩论（Sophism）的一个分支。诡辩论信奉人会经常犯错误，你认为对的有可能根本就不正确。

犬儒派（Cynicism）的拥护者，如第欧根尼（Diogenes）和安提西尼（Antisthenes），摒弃毫无价值的社会习俗和物质生活。他们认为，只有抛弃社会的束缚才能获致头脑清晰。第欧根尼还说"坏人遵从欲望，正如仆人遵从主人"。

伊壁鸠鲁学派（Epicureanism）因其先驱伊壁鸠鲁（Epicurus）得名，表面上看是寻求快乐，其实真正提倡的是避免痛苦。两者是截然不同的。这个学派与与斯多葛学派有一定的相似之处，认为要达致内心的宁静，用正确的态度对待生活非常重要。迷信的思想会导致不必要的焦虑，应该加以避免。伊壁鸠鲁认为，就算有神明，他们也不会在乎我们做了什么。该学派认为几个不同的哲学流派只是在很小的点上不同而已，于是尝试着寻找共同点而不是差异之处。阿什凯隆的安条克（Antiochus of Ascalon）是最早的拥护者之一。他强调了怀疑论者的论证有矛盾之处，认为人无法确定一切不确定的东西，或证明根本无法证明的东西。很多哲学派别都有其存在价值。

最后是新柏拉图学派（Neoplatonism）。准确地说，这是一个历史专有说法而不是一个哲学派别，而且不是19世纪才提出的。这个学派可以追溯到埃及哲学家普罗提诺（Plotinus）。他最初的意图似乎是继续传播柏拉图和亚里士多德的思想。但慢慢地，波斯和印度的哲学融合进来，该学派逐渐变成了一种宗教哲学。其基本的思想是，宇宙起源于"唯一的"存在，而宇宙其他的一切均产生于这个"唯一"。

此后，从罗马帝国早期开始，贯穿整个中世纪及以后时代，这种单一神的概念开始成形，戏剧般地左右着哲学的发展。现在，这种哲学流派开始与宗教竞争，而该派别的思想家们也转移注意力，试图调解理性与信仰的关系。

新柏拉图学派适应了新时代的发展。该学派认为恶源于人类的原罪，而最早是因为善的缺乏，这在早期基督教神学家——希波的奥古斯丁（Augustine of Hippo，公元354—430年）的著作中有所论述。约一千年之后，这一认识对意大利神学家圣博纳文（Saint Bonaventure）以及之后的意大利文艺复兴来说，都非常重要。多个世纪以来，该学派在哲学和宗教之间架起了一

柏拉图的理想主义

在柏拉图看来，想法是真实的，是界定世界的形式。形式是世界上现存的完美典范，而我们日常所见的不完美的事物只是其复制品。例如，你头脑里有一棵参天的橡树，形象很完美。这就是形式，而你当地公园里瘦巴巴的橡树是现实。再例如面包房里的一排小点心。点心本身是现实，而制造点心的模具是形式。

柏拉图认为，人一生来就认识世界上的多种形式，但随着慢慢长大，这种认识逐渐模糊。我们之所以能通过逻辑推演找出这些形式，据柏拉图说，其实是在回忆我们从未有经历过的事物，从而论证了不朽神的存在。

因此，哲学家的任务是认知世界的形式，而不是不完美的现实；是明确思想，并根据这些思想，表达自己的生活和想法。这是一个艰巨的任务，因为完美很难获致，但是目的远不如过程重要。

座桥梁。

16世纪和17世纪，原子论学派也经历了爆炸式的复兴，尼古拉·哥白尼和伽利略·伽利雷进行了开拓性的科学研究，弗朗西斯·培根爵士和托马斯·霍布斯进行了哲学性的探索。实际上，尽管有些现在看来并不明朗，其实古希腊所有哲学流派所感兴趣、所关心的话题一直持续到了现在。而且我们今天还在谈论他们的思想。这些哲学思想可能古旧，但多个世纪过去了，却依然能教给我们崭新的思考方式。

不过，古希腊哲学有独立的学派，但其表达并非都明白坦率，还有怀疑论者。这些人像关注切实的知识一样关注信念。在他们看来，只要还没有获得知识，一切都不能彻底确定。实际上，古希腊早期的一位名叫色诺芬尼（Xenophanes）的思想家曾提出一个著名的想法，即，就算人成功地说出了确定无疑的东西，也有可能并没有意识到，所以一切都只是信念。

怀疑论派起源于希腊词"skepsis"，意思是"调查"。该学派的哲学家认为自己是调查者，活着就是为了调查。他们的核心概念是"信念"、"搁置判断"、"事实真相"、"表象"，以及前面所提到过的"调查"。他们的目的是发现现实与表象、知识与信念，以及具象和非具象之间的区别。

公元前266年，柏拉图学园在阿尔凯西劳（Arcesilaus）的主持下转向怀疑论研究，但他本人并不认为自己是怀疑论者。他看重亚里士多德提倡的对一切进行调查、探究人们的信念。学园怀疑论思想就此诞生。

在某种程度上，学园怀疑论思想诞生于柏拉图的作品，灵感源于柏拉图对话中的苏格拉底，是对教条主义进行的一种对抗。因此该学派挑战斯多葛学派，因为后者很多时候不能克服太过确信的态度。

该派论证的方法也与该时期其他学派的方法不同。他们不是首先申明一个立场，而是声明信念并非彼此一致，因此他们无法证明自身就是知识。其教条的根本内容是获致知识是可能的。

然而，学园怀疑论学派并没有随着古希腊消亡。著名的罗马雄辩家西塞罗在公元前1世纪时很活跃，还很年轻的他认为这种思想有道理，于是开始加以发展。后来的学园派怀疑论者开始关注争论双方的看法，理性的想法占了上风。长于雄辩的西塞罗把这种方法引入公共演讲，结果发现很有用。

另一个持怀疑论的是皮浪怀疑学派。该学派由伊利斯的皮浪建立，他爱提出复杂的解释性问题。实际上，皮浪常常被看作古代怀疑主义的奠基人。他认为搁置判断的人都是智慧的人，提出"中间立场"概念，即接受事物本来面目，不做进一步引申。皮浪的思想影响巨大，一直到17世纪都在左右着人们的哲学思考。

就我们所知，早期的古希腊思想家中很少有人持怀疑论，但德谟克利特和上面所提到的色诺芬尼是例外。色诺芬尼曾提出，关于神的概念都是一种拟人化表现，与文化息息相关：希腊人崇拜希腊的神，埃塞俄比亚崇拜埃塞俄比亚的神；如果马有手的话，它们也会画出跟它们相仿的神来。

色诺芬尼并不是唯一一个对神进行思考

> 阿那克西曼德（Anaximander）认为，宇宙的根本是"阿派朗"（apeiron，无限），这是地球、空气、火和水的基础。

的人。欧赫迈罗斯（Euhemerus）是马其顿国王卡山德（Cassander）的朋友。在公元前3世纪早期，他写出《神的历史》（Hiera Anagraphe），又称《圣书》），把虚构、乌托邦主义和神学融合起来，描写了他幻想中的一次印度洋之旅。在幻想中，他发现了一个叫做潘彻亚（Panchaea）的岛屿，那里景象神奇，社会有明确的分层：神职人员和手艺人，农民和士兵，最后是牧羊人。后来他偶然碰到了一座祭祀宙斯的神庙。

在神庙里，欧赫迈罗斯发现了神圣的铭文，而故事的名字也由此而来。铭文上写着，宙斯、其他诸神以及他们的祖先都是因成就而受人崇拜的凡人。而这正是欧赫迈罗斯想要表达的观点。神之所以被崇敬并不是因为他们是神。他把神话和传奇看作是伪装起来的历史。他提出的思想也以他来命名。他的信念把自己定性为一个无神论者。

还有人把神话和历史融合起来。在之后的公元前1世纪，西西里岛的狄奥多罗斯（Diodorus），写了一本关于希腊的历史。他的目的是用希腊和拉丁材料写一本关于希腊的历史，时期是从神话时代一直到尤利乌斯·凯撒首次执政。他描写了特洛伊战争，亚历山大大帝以及他生活的时代。他把希腊神话起源当作历史，尽管如此，他还是柏拉图和其他向埃及学习智慧的希腊哲学家思想的主要支持者。

当然，后来的罗马也有哲学家。罗马帝国后期很突出的一位是拉克坦堤乌斯（Lactantius）。他是皇帝康斯坦丁的顾问。拉克坦谛是上帝和基督教的积极拥护者，他真正留存下来的著作都是关于这两方面的。实际上，他因这些著作而被后来文艺复兴时期的人文主义者们称为"基督教的西塞罗"。古代世界已经开始进行经文注释，不过这种说法一直到17世纪才真正出现。经文注释最早起源于希腊语，柏拉图曾用来谈论诗歌。一开始并没有归于某个哲学流派，这种情况一直持续到启蒙运动时期。它过去是，现在也依然是一种解释文本的方法。古希腊有三种不同解释经文的方法：讽喻法、宗教法和逻辑法。讽喻法和宗教法主要适用于圣经注解，而在古希腊时期，得到最广泛使用的是逻辑法。斯多葛学派认为，中世纪后期哲学家已经在古希腊世界找到经文注释的很多例子，尤其是在亚里士多德和柏拉图的作品中。其中，亚里士多德的《诗学》、《修辞学》和《辩谬篇（On Sophistical Refutations）》以及柏拉图的《克拉底鲁篇（Cratylus）》、《伊安篇（Ion）》和《理想国》对论据，讲演和诗歌都提出了质疑，从而将其纳入经文注释，尽管这些方面并不涉及对文本和知识的理解和解释。这一点在《柏拉图的苏格拉底》中最为显著，该书关注的似乎是构建一个民主社会。

在解构（Destruktion）这一概念中，社会正义的概念同样非常明显。据一位现代学者称，解构探究了古希腊关于意识思考的起源和正确性。通过对亚里士多德的简要回顾，可以做出如下推论：最先对经文注释进行完整研究的是一位17世纪的思想家，但最早写出现存论文的是柏拉图一位最有名的学生。该学生探讨了口头和书面语言是怎样表达一个人内在思想的。

总而言之，阐释派的思想家过去和现在都认

> 在现代意义上，"诡辩"（sophism，或者sophistry）指的是一种混乱和无逻辑的论证，或为了论证而进行的论证。

为，理解是一种阐释性行为，把诸多小事物纳入有意义的整体，即把事物放入像我们的生活这样更大的语境中，会使之获得更大的意义。

现在，古希腊的每一个哲学流派对我们，和对那个时代的哲学家一样都很重要。其间曾发生了席卷欧洲的文艺复兴和启蒙运动，最终促进了这些哲学思想的进一步发展。多亏了这些大事件，古希腊哲学各流派和诸多理论才得以被更多的人所接触、了解，从而有机会对何为真进行辩论。

色诺芬尼

皮浪

古希腊神话的现代视角

对古希腊文学和语言的兴趣促使人们对神话、神话的起源以及影响重新做出评价。

对古希腊神话的研究和阐释重新兴起于启蒙运动风起云涌的智识浪潮中，这是非常具有讽刺性的。不可否认，西方文明扎根于古希腊文化，并受其创世神话、英雄事迹、人、神和半神之间的冲突等的影响。尽管如此，犹太-基督文化要么忽视，要么搁置一边，对西方文明的起源，以及与其他地中海和东方文明的关系压根不提。

到了18世纪中期，德国大学里的学者开始重新进行古典研究。哥根廷大学诗学和雄辩学教授约翰·马提亚斯·盖斯纳（Johann Matthias Gesner）对古希腊神话和文化进行了研究。他的后继者基督徒戈特洛布·海涅（Gottlob Heyne）把科学方法引入古希腊研究，包括参考大量的翻译作品和原著，引入考古学和文献学方法，对口头和书面语研究，从而梳理出古希腊研究的历史、起源和最早期的意义所在。通过海涅的努力，古希腊神话的现代研究开始成形。这种研究对欧洲文化，尤其是对德国的影响则进一步促进了未来的神话研究。

约翰·约阿西姆·温克尔曼（Johann Joachim Winckelmann）是早期的一位研究古希腊的学者，他把大部分精力投入到古典艺术的批评与探究上。温克尔曼第一个将希腊期、希腊罗马期以及罗马期的艺术区别开来。据美国作家兼历史学家丹尼尔·布尔斯廷（Daniel Boorstin）称，温克尔曼还是"现代考古学的先知和奠基人物"。1755年，温克尔曼的里程碑式著作《关于在绘画和雕刻中摹仿希腊作品的一些意见（Thought on the Limitation of Greek Works in Painting and Sculpture）》在欧洲大陆激发起人们对古希腊神话的兴趣。

> 西格蒙德·弗洛伊德（Sigmund Freud）借用很多古希腊神话来解释他的性心理发展理论。

他的艺术视角形成了艺术和文学的思考。

▲ 图为心理分析学之父西格蒙德·弗洛伊德。他把神学与受压抑的思想联系起来,认为梦是理解神话起源的基础

十年之后，他的《艺术的历史》把古希腊艺术史和古希腊漫长的历史本身结合起来。他对艺术的基本观点是，艺术的最终目的是获致美。这成了一种艺术和文学思考，鼓励着其他人探索古希腊神话的起源，为启蒙运动时期很多欧洲人心目中的古代艺术注入了灵感。

比较方法的出现

比较文献学引入古希腊神话研究，平行文本和原型主题概念开始出现。古希腊语和其他印欧文明之间的共同元素让人们得出这样的结论：在人类实践的基础上，这些已经超越了简单的地理障碍或隔绝状态。

> **每一个社会都会经历三个明显的发展时期。**

德国籍文献学家和东方研究学者麦克斯·穆勒（Max Muller）一生中大部分时间在英国度过。他发现了印欧语系家族，还翻译梵语（Sanskrit）文本（包括东印度公司所掌握的一些文本资料）。他认为，语言与人类的信仰体系互相关联。穆勒把用梵文写成的神圣的印度吠陀（Indian Vedic）文本，尤其是《梨俱吠陀》（Rig-Veda）被看成是理解欧洲早期异教信仰的关键。

穆勒认为，《梨俱吠陀》中的神与自然界对应：太阳、月亮、风、雨以及自然界发生的一切。可以总结为一种自然崇拜方式。这些神，以及古希腊诸神都是充满着超自然力量的大自然的人格化表现。他认为，神话使思想和经验得以存在，因此把神话称为"语言的疾病"。这是这些神话共同的脉络，植根于各种语言的共性中。

就这样，借用对比神话学的方法，穆勒发现了神话中的共同主题，以及各种宗教和文化的发展相互关联。这些结论还进一步为人类心理研究提供了洞见，即，人类为了合理解释世界和一些心理状况会对外部现象做出某种反应。

从神话到现实

1871年，英国文化人类学家爱德华·伯内特·泰勒（Edward Burnett Tylor）发表了两卷本的著作《原始文化》。这是文化人类学的奠基之作。泰勒认为每个社会都会经历三个不同的阶

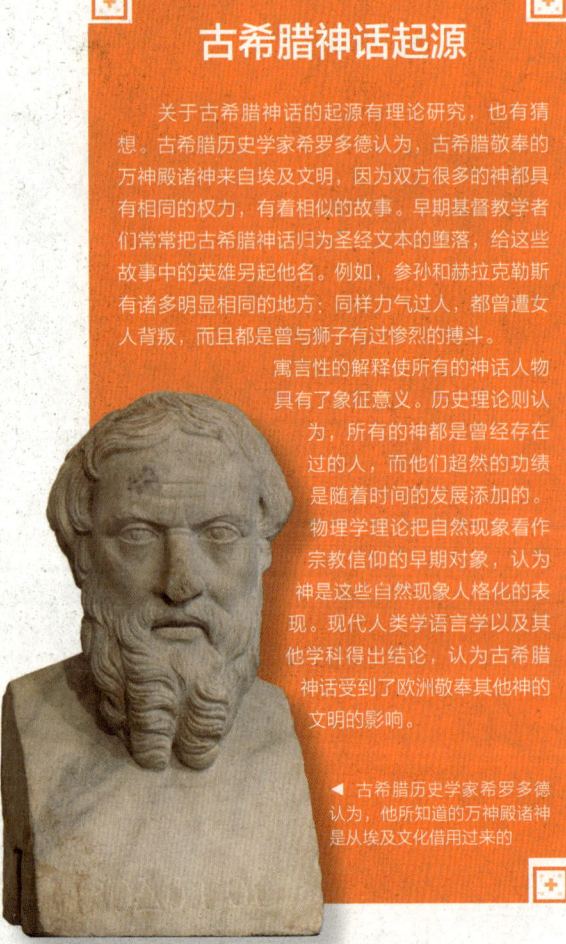

古希腊神话起源

关于古希腊神话的起源有理论研究，也有猜想。古希腊历史学家希罗多德认为，古希腊敬奉的万神殿诸神来自埃及文明，因为双方很多的神都具有相同的权力，有着相似的故事。早期基督教学者们常常把古希腊神话归为圣经文本的堕落，给这些故事中的英雄另起他名。例如，参孙和赫拉克勒斯有着诸多明显相同的地方；同样力气过人，都曾遭女人背叛，而且都是曾与狮子有过惨烈的搏斗。

寓言性的解释使所有的神话人物具有了象征意义。历史理论则认为，所有的神都是曾经存在过的人，而他们超然的功绩是随着时间的发展添加的。物理学理论把自然现象看作宗教信仰的早期对象，认为神是这些自然现象人格化的表现。现代人类学语言学以及其他学科得出结论，认为古希腊神话受到了欧洲敬奉其他神的文明的影响。

◀ 古希腊历史学家希罗多德认为，他所知道的万神殿诸神是从埃及文化借用过来的

段：原始阶段、野蛮阶段和文明阶段。他重新把"万物有灵论"引入大众视野，认为任何事物都拥有灵魂或精神本质。通过对千年来文化发展的研究，他发现了文化与英国社会改进之间的关联性。他声称人类思想和行动法则在最早的文明时期已经存在，因此人们在同样的情况下就会采取同样的行动。

受泰勒作品的影响，阿道夫·巴斯蒂安（Adolf Bastian）和其他学者，以及美国纽约沙拉劳伦斯学院的约瑟夫·坎贝尔（Joseph Campbell）教授，对所有神话中都会有的原型英雄进行了研究。坎贝尔的论著《千面英雄》（The Hero with a Thousand Faces）出版于1949年。在这本书中，他强调了多种文化及历史进程中事件发生的共同模式，认为这是人类最高心理统一体存在的证据。波兰人类学家柏罗尼斯拉夫·马林诺斯基（Bronislaw Malinowski）强调了一个事实，即神学有助于满足人类基本的文化需求。因此，一个共同的信仰体系对文化身份和凝聚力来说非常重要。

▲ 德国学者约翰·马提亚斯·盖斯纳将古希腊神话研究在哥廷根大学推广开来

结构主义理论声称，一种文化元素可以在一个更为广泛的存在和互动语境中得到理解。其理论家们试图建立起一种框架，解释对人类所感知、与人类相关的诸多事情，人类会采取的行动，以及个体与集体意识对世界的看法等。很多人研究了生成这些形式元素的内在结构。法国人类学家克劳德·列维-斯特劳斯（Claude levi-strauss）是其中一位。他提出一个概念：野蛮的大脑和文明的大脑具有共同的人类特征。他的著作《原始思维》（The Savage Mind）出版于1962年，对早期关于原始思维的讨论进行了

格奥尔格·尼古拉斯·科勒（Georg Nikolaus Kohler）把他手中最早的古希腊文本拿给盖斯纳看，从而激发起他对古希腊的好奇心。

扩展，把人类普遍的思维形式囊括进来，而不考虑其外部环境。

1971年，列维-斯特劳斯的著作《神话学》（Mythologiques）出版。这是一部四卷本著作，追溯了南美大陆顶端至中美地区，再到北极这一带神话的起源与演变，确定了在时间之流中这种现象的存在，并含蓄地指出，这与发端于早期印欧文化的古希腊神话具有相同的模式。

神话与精神分析

精神分析之父西格蒙德·弗洛伊德把人类大

脑的功能与理解神话象征意义的文化方面结合了起来。他认为，神话是潜在的、受压制的思想欲望或想法的外在表现。他指出，梦的解析是在个人关系语境中理解神话起源的基础，个人关系影响着这种解释。

曾经影响过坎贝尔的瑞士心理分析学家卡尔·荣格提出了"集体意识"和由这种意识所引发的原型因素。在荣格看来，神话更多地关涉人类大脑，而不是物质世界或一神或多神的存在。因此，他认为神话可以通过象征符号理解。

基督教的重新解释

18和19世纪忠诚的基督徒认为，古希腊神话植根于寓言或虚构，而"神话"一词充满这种寓意。在更广泛的意义上，人类经验在对神话中的表达可以理解为用人类的语言向人类传播的的宗教真理。在500年间，很多基督教神学家都排斥神话，认为神话已经过时，有损于基督教教义。

到了20世纪，有的基督徒则开始用一种不同的眼光来看神话。他们不再把神话从人类经验中剔除出去，而是认为，神话是宗教的基础，而且是基本的组成部分。

作者J.R.R托尔金是一名虔诚的基督徒，他创作了《霍比特人》和《指环王》。他把神话称为"神对事实的回应"，是对上帝原初创世的一种次创造。托尔金敦促他的朋友——作家C.S.刘易斯回归基督。后来刘易斯出版了多部著作，包括共7本的系列儿童奇幻文学图书《纳尼亚传奇》，开始名声大噪。这个系列把基督教主题与古希腊、古罗马的神话以及英国爱尔兰的童话故事融合为一体。

刘易斯称基督的故事为"真实的神话"，并解释道，"这个神话与其他神话原理相同，但却

▲ 德国哲学家麦克斯·穆勒因懂梵文和谙熟对比神学而闻名

▲ 人类学家爱德华·伯内特·泰勒提出了文化人类学理论，对古希腊神话研究影响很大

有截然不同之处：这个神话是真实发生的故事，人要原封不动地加以接受，要记住这才是上帝的神话；其他的神话都是人的神话，即异教的神话是上帝通过诗人的思想，以及他在诗人头脑中找到的形象来表达上帝自身；而基督教是上帝通过我们所称为真实的东西来表达自身。"基督教与具有某种共同神话的古希腊宗教，以及世界的其他宗教之间有着诸多联系。现代基督教徒拥护的教义各不相同，有的坚持对圣经文本的逐字解读，有的承认圣经融合了寓言和神话因素。

宗教视角也好，世俗视角也罢，无论从哪个角度看，古希腊神话对社会的影响都是无法否认的。古希腊诸神在艺术、建筑和广告中很常见。古希腊神话的主题也经常被借用到图书和电影中。在人类历史上，没有哪种事物能对现代西方文明产生如此深刻的影响。

> 迈锡尼宗教是我们今天很多人都知道的古希腊宗教的源头。

简·艾伦·哈里森（Jane Ellen Harrison）的贡献

简·艾伦·哈里森是古希腊宗教和神话现代研究的奠基人，是19世纪晚期和20世纪早期该领域的杰出人物。她在约克郡出生，从1880到1897年的17年间曾在英国图书馆从事古希腊人类学和艺术研究，之后开始到处做讲座，很受欢迎。她曾经做过一次关于古希腊墓碑的讲座，参加者达到1600人。她去过希腊，并参与考古挖掘。1882年，她出版了著作《艺术与文学中的〈奥德赛〉》，对荷马史诗中与古希腊瓶雕艺术形象中共同的深层神话主题进行了解读。

哈里森1903年出版的《希腊宗教研究绪论》对神话与仪式（尤其是古希腊举行的多种庆典活动中的仪式）的关系进行了描述。她与同事吉波特·穆雷（Gibert Murray）、弗朗西斯·康菲尔德（Francis Cornfield）一起，把新兴的人类学和社会科学知识应用到古希腊研究中。这个学术三人组就是人们所知的"剑桥仪式学派"。哈里森还支持女性参政。她于1928年去世，享年77岁。

▲ 简·艾伦·哈里森是古希腊神话现代研究的奠基者，她的讲座很受欢迎

古希腊神话遗产

古希腊神话遗产是无法避开的话题。到处是男女诸神话题，关于神的神话故事及引用更是随处可见。

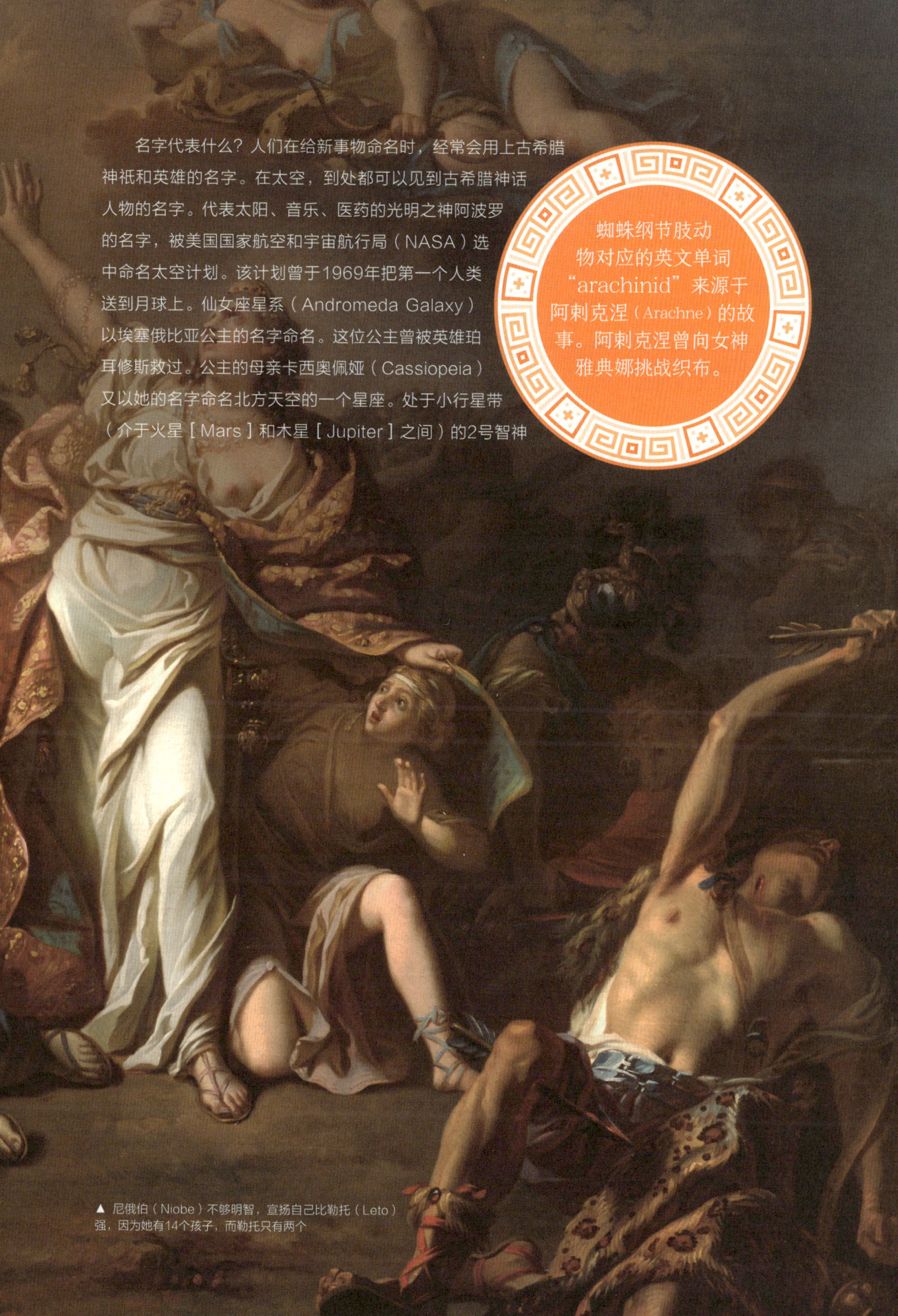

名字代表什么？人们在给新事物命名时，经常会用上古希腊神祇和英雄的名字。在太空，到处都可以见到古希腊神话人物的名字。代表太阳、音乐、医药的光明之神阿波罗的名字，被美国国家航空和宇宙航行局（NASA）选中命名太空计划。该计划曾于1969年把第一个人类送到月球上。仙女座星系（Andromeda Galaxy）以埃塞俄比亚公主的名字命名。这位公主曾被英雄珀耳修斯救过。公主的母亲卡西奥佩娅（Cassiopeia）又以她的名字命名北方天空的一个星座。处于小行星带（介于火星［Mars］和木星［Jupiter］之间）的2号智神

蜘蛛纲节肢动物对应的英文单词"arachinid"来源于阿剌克涅（Arachne）的故事。阿剌克涅曾向女神雅典娜挑战织布。

▲ 尼俄伯（Niobe）不够明智，宣扬自己比勒托（Leto）强，因为她有14个孩子，而勒托只有两个

有几种化学元素因古希腊神话得以命名。

星（2 Pallas）以女神帕拉斯·雅典娜（Pallas Athena）的名字命名。木星的卫星以宙斯的众多位情人的名字命名：卡利斯托（Callisto）[①]，伊俄[②]（Io），和欧罗巴[③]（Europa）。

在地理方面，很早以来，一直都在用古希腊神话中的名字来表示各种地形。特提斯海（Tethys Sea）是古老的海域，存在于几亿年前的三叠纪（Triassic period），它的名字来自古希腊女海神。现在已经废止的"泛大陆"（Pangaea）的说法来自有"大地母亲"之称的女神盖亚（Gaia）和表示全部的古希腊词语"pan"，综合起来的意思是：很久以前分裂开的大陆。这个大陆在3亿年前的古生代（Paleozoic era）的二叠纪（Permian period），曾代表地球上所有的陆地。盖亚（Gaia）是作为整体的地球的同义词，还被用在术语"盖亚假说（Gaia hypothesis）"中。该假说认为，生命与环境相互作用，以使生命持续地生存与发展。

在遥远的过去，冥古宙（Hadean eon）指的是大体介于46亿年前到40亿年前的这段时期。那个时候，地球的状态非常可怕，还没有完全冷却下来，而且不断地被小行星撞击。冥古宙得名于死亡之神哈迪斯。他统治的冥府也以哈迪斯命名。

有好几个化学元素也以古希腊神话中的神的名字来命名。强度大的金属元素钛（titanium）以强大的泰坦神（Titans）的名字命名。在一次宇宙的权力争夺中，这个家族的统治被宙斯和其他的神推翻。钷（Promethium）以泰坦神普罗米修斯（Prometheus）的名字命名。普罗米修斯从宙斯那里偷来火种送给了人类。

古希腊神话与大脑

人们利用古希腊神话来描述现代人心理的复杂性。或许最为著名的是西格蒙德·弗洛伊德首次提出的"俄狄浦斯情结（oedipal complex）"：儿子为了赢得母亲的爱与父亲进行对决。这个说法来自悲剧人物俄狄浦斯，他在不知情的情况下娶了母亲伊俄卡斯忒。弗洛伊德认为，与此相对应、适用于女孩的是"厄勒克特拉情结（Electra complex）"。厄勒克特拉是阿伽门农的女儿，母亲克吕泰涅斯特拉害死了父亲，她向母亲进行复仇。

如果有人充满不可遏制的自恋，我们就把他们称为"自恋狂（narcissist）"。这种叫法来自那西索斯与厄科的神话故事。在这个故事里，极其英俊、非常傲慢的猎人那西索斯爱上了水里自己的影子，并因无法与看见的英俊人儿相结合而伤心致死。

▼ 英俊的那西索斯爱上了自己的影子，从而有了"自恋狂"这个说法

[①] 木卫四。——译者注
[②] 木卫一。——译者注
[③] 木卫二。——译者注

▲ 俄狄浦斯解开了斯芬克斯的谜，悲剧性地娶了自己的母亲。西格蒙德·弗洛伊德用这个故事来解释他的俄狄浦斯情结

铌（niobium）元素的叫法来自尼俄伯（Niobe）的名字。她因为有14个孩子而觉得高女神勒托一等，愚蠢地到处夸口。勒托只有两个孩子，而这两孩子碰巧是伟大的奥林匹斯神阿波罗和阿尔忒弥斯。母亲受到冒犯，他们两个于是进行血腥报复，把尼俄伯的14个孩子全部杀死。

军事武器和战舰同样以古希腊神话的神的名字来命名。美国的波塞冬核导弹以海洋神"Poseidon"来命名。美国发射的耐克防空导弹则以胜利女神的名字"Nike"命名。为数众多的英国皇家海军船舰以古希腊诸神和英雄来命名，其中有皇家海军舰艇阿伽门农号（HMS Agamemnon），奥利安号（HMS Orion），艾杰克斯号（HMS Ajax），柏勒洛丰号（HMS Bellerophon），等等。美国海军同样以古希腊神的名字来给船舰命名，如美国海军舰船特里同号（USS Triton），阿格斯号（USS Argus）和普罗米修斯号（USS Prometheus）。

古代神话中的人物还出现在货币和商业领域。欧盟发行的纸币上印有欧罗巴（Europa）

▲ 食物和水永远处在刚刚够不到的地方，坦塔洛斯怎么都吃不到，承受着永远的折磨

的头像。欧罗巴是腓尼基的公主，欧洲（Europe）就是以她的名字命名的。在很多年里，美孚石油公司（Mobil Oil Corporation）的标志都是珀加索斯（Pegasus），这是英雄柏勒罗丰骑过的长有翼翅的一匹神马。

古希腊诸神还出现在游戏中。角色扮演游戏《龙与地下城》（Dungeons and Dragons）中的人物是奥林匹斯男女诸神，玩家可以调遣。玩家还可以和古希腊神话中的怪兽对决，如人马兽、人身牛头怪、鸟身女妖和喀迈拉（一只会喷火的怪物，长着狮子头、山羊头和蛇尾巴）。索尼公司的《战神》视频游戏于2005年上市，采用了古希腊神话主题。

青少年文学一直以来都云集着希腊诸神。雷克·莱尔顿（Rick Riordan）的《波西·杰克逊与神火之盗》（Percy Jackson the Olympians）系列不断扩展，已经有5本小说和2部故事片。在这个系列中，12岁的波西·杰克逊是海神波塞冬的儿子，他参加了同父异母或同母异父者度假营，里面的人都和他一样是半神。

在1981年的经典电影《诸神之战》中，另一个半神珀耳修斯被搬上了银幕。在这部电影中，宙斯的这位儿子杀死了美杜莎，趁着妖怪克拉肯（Kraken）还没有吞下可爱的安德洛墨达，用美杜莎的头把克拉肯变成了石头。电影采用了电影制作传奇人物瑞·哈里豪森（Ray Harryhausen）提供的停格动画特效。

特洛伊的传说

特洛伊战争发生在小亚细亚西北部特洛伊城外，为期十年，非常惨烈。这个故事现在依然让人们着迷，出现在很多流行的文化形式中。故事最早出自《伊利亚特》。人们普遍认为，这部史诗的作者是盲诗人荷马。在《伊利亚特》中，为了夺回世界上最漂亮的女人海伦，古希腊英雄们

▲ 特洛伊城最终因为特洛伊木马而陷落。疏忽的特洛伊人把木马拉进城内,而马里面藏满了希腊勇士

◀ 亚马逊部落里都是具有独立思想的女勇士,她们既不需要也不渴望男性陪伴

与特洛伊人展开大战。海伦原先是希腊人墨涅拉俄斯的妻子,后来被特洛伊王子帕里斯拐走,带回特洛伊。于是希腊人组织起强大的军队,乘船渡过爱琴海去营救海伦。

几个世纪以来,人们一直认为特洛伊战争只是个有趣的传说。然而,有些人坚信这个故事有真实的成分,其中一位就是海因里希·施里曼。19世纪早期他在美国赚了一大笔钱,由于对特洛伊战争念念不忘,于是他决定去寻找特洛伊城。随着时间的流逝,特洛伊城的位置已经无法确定。19世纪70年代的考古学发展还处于起步阶段,施里曼挖掘特洛伊城的方法极其粗暴,但非常有效果。经过多年的挖掘,1873年,他发掘出"普里阿摩斯的财宝"(以《伊利亚特》中特洛伊国王的名字命名)。其中还有"海伦的珠宝"——一个金子打造供王后佩戴的头饰。直到1891年施里曼去世,人们才确定这就是真正的特洛伊城,位置也基本确定下来。1985年,施里曼以及后续挖掘特洛伊的故事在BBC系列片《寻找特洛伊》中进行披露。该系列由迈克尔·伍德(Michael Wood)担任制片人和主持人。之后,伍德还出版了同名图书。特洛伊战争发生在大约公元前1300—公元前1200年的青铜器时代晚期,被置于更广阔的爱琴海背景中。这个时期的希腊由迈锡尼城邦统治,像《伊利亚特》所记载的那样,阿伽门农是最高统治者,而且是远征特洛伊的首领,众多希腊英雄都要服从他的领导。迈锡尼很强大,但其文明最终消亡。在希腊,我们到处都能找到陷落的城市遗迹。真正的特洛伊战争极有可能源于希腊首领觊觎小亚细亚特洛伊城的富有,从而发动的一次军事远征,但相关的历史记忆已经模糊不清。

这段辉煌的时期过后希腊进入"黑暗时代"。人们没有读写能力,物质条件大幅下降。过去的辉煌虽很少回忆,却从未完全忘记,因为特洛伊故事通过游吟诗人口述代代相传下来,到古典时期希腊重新建立的黎明时分,终于用书面形式记录了下来。

荷马的故事经历了很多次、形式多样的重新讲述。2004年,特洛伊故事被改编成剧情片《特洛伊》,由布拉德·皮特饰演劫数难逃的阿喀琉斯,艾瑞克·巴纳饰演特洛伊王子赫克特,黛安·克鲁格饰演美丽的海伦,奥兰多·布鲁姆饰演诱拐海伦且很软弱的帕里斯。《特洛伊》中没有出现男女诸神,但是这部电影

> "年代学"(chronology)一词源自克洛诺斯(Chronos)。他是时间之神,是第一代神的父亲。

一部神话词典

古希腊神话为英语贡献了很多词汇。一个人通过原创性的发明让人类社会和文化发生巨大的改变，我们就称其为一种"Promethean（普罗米修斯的）"行为。这种说法源自泰坦神普罗米修斯。他从神那里偷来火种，送给人类，这样人们就可以把食物煮熟吃而且可以取暖了。

"Odyssey（奥德赛）"也进入了英语词典。这个词指的是漫长而又充满惊险的旅程。"Olympian"（奥林匹斯人因诸神居住的奥林匹斯山而得名）用来指一些非常强大的个人或群体，还指品级比平时所见要高的东西。

警告某人不要一时冲动做出后果无法预料的事情，我们可能会说不要打开"Pandora's box（潘多拉的盒子）"。在古希腊神话中，第一个女性潘多拉有一个装着邪恶的盒子，一旦打开，邪恶就会逃出来，从此开始让人苦恼不断。

如果面前摆着一个任务，需要花费巨大的力气或克服巨大的困难才能完成，我们会说这是一项"Herculean（艰巨的）"任务。这个说法来自古希腊神话中威力无比的半神赫拉克勒斯（Hercules）。同样，一个威力无比或肌肉发达的人可以形容为"Herculean（威猛的）"。

词语"under the aegis（庇护）of"的意思是受到了什么东西的保护或影响。Aegis是宙斯打仗时用的山羊皮，极其坚固。说起外表，非常英俊的男人可以形容为"Adonis（阿多尼斯）"。这个说法来自猎人阿多尼斯，他俘获了阿弗洛狄忒和波尔赛福涅的芳心。

当一个人"tantalised（干着急的）"的时候，他非常渴望得到什么东西却又得不到。这个说法来自关于Tantalus（坦塔洛斯）的神话。坦塔洛斯是个很邪恶的人，在地狱里受到惩罚：站在水里，水没到了下巴，葡萄从他头上的树枝上低垂下来。坦塔洛斯想喝水，水就会退去，因此他根本喝不到水。他什么时候伸手去摘葡萄，树枝就会缩回，让他刚好够不到。

两个来自古希腊神话且与食物相关的词是：ambrosia 和 nectar。美味的食物是"ambrosia"，即神吃的食物。神喝的东西"nectar"意为采自花朵的花蜜。

"Amazons"（亚马逊）女性部落并没有随着古代世界消失。"The Amazon River"及其周边地区得名均来自这个传说中的女性部落。据西班牙的征服者们称，他们在16世纪早期曾在这里偶遇过这个部落。

▼ 极其俊美的阿多尼斯是阿弗洛狄忒的心爱之人

在很大程度上是忠实于古希腊神话的。

20世纪早期，希腊诗人C.P.卡瓦菲（C P Cavafy）在诗作《萨耳珀冬[①]（Sarpedon）的葬礼》中引用了《伊利亚特》。萨耳珀冬是个英雄，他与特洛伊人一起与希腊人对决，最后死在战场上。之后，特洛伊战争主题被2018年出品的8集系列片《特洛伊：陷落的城市》采用。该片由BBC和网飞公司（Netflix）共同制作。

人们还对特洛伊战争进行挖掘，为文学寻找灵感。作家丹·西蒙斯（Dan Simmons）就是从这场战争中找到了灵感，于2003年写出了科幻小说《伊利昂》（Ilium）。在这部作品中，他展开

---

① 宙斯和拉奥达墨娅之子，亦或与欧罗巴之子，吕喀亚王，在特洛伊战争中被帕台洛克斯所杀。——译者注

▲ 图为取自迪士尼制作的《亚特兰蒂斯之失落帝国》中的一个画面

想象，重新发动特洛伊战争，目的是为了取悦未来火星上的诸神。

荷马笔下的特洛伊战争还有助于理解现代士兵所遭受的精神痛苦。1995年，乔纳森·谢伊（Jonathan Shay）在图书《越南的阿喀琉斯：创伤与人格的毁灭》（Odysseus in America and Achilles in Vietnam）中，把古代荷马笔下的勇士与在东南亚作战的美国士兵在战场上的经历进行对比研究。由于所经历的战争都很残忍，两个时代的士兵都患上创伤后应激性障碍症。

沉没的亚特兰蒂斯（Atlantis）

沉没的神秘城市亚特兰蒂斯和特洛伊城一样引人注目。这个传奇通过米高梅的科幻片《星际之门》被搬上银幕。地球绝密星际计划成员一开始是从《星际之门SG1》（Stargate SG-1）中知道，亚特兰蒂斯真的存在，由被称为"古人"的高度文明的外星人建成。"古人"把这座城市藏在遥远的天马座星系（Pegasus galaxy）一个行星的海底里（于是有了古希腊神话中的古老故事）。

这个神话故事成了全新电视剧《星际之门亚特兰蒂斯》（Stargate Atlantis）的原型。该剧从2004年一直拍摄到2009年。亚特兰蒂斯经由星际之门可以抵达，于是人们组织了一支长期考察队。不过，由于目的地太过遥远，前途未卜，这些人只能依靠自己。来到亚特兰蒂斯之后，他们发现这里的技术远远比地球上的发达，但已经非常过时。他们在天马座星系进行探索，遇到很多可怕的对手。他们初来乍到，而且距离地球很远，无法得到支援，要想存活下来只能依靠自己。

在2001年出品的《亚特兰蒂斯之失落帝国》（Atlantis The Lost Empire）中，迪士尼公司将其独特的魔幻电影制作技术应用到了这个古代的传说上。这是一部动画片,配音者有迈克尔·J.福克斯、李奥纳德·尼莫伊、詹姆斯·加纳、克劳蒂亚·克莉丝汀,以及其他人员。故事发生在1914年,主要人物是年轻的迈罗·戴奇(Milo Thatch)。他以为发现了前往亚特兰蒂斯的道路。地面世界组织一队人,乘坐尤利西斯号潜艇(潜艇名字来自古希腊神话,是奥德修斯的别名)前去寻找地下的王国。

公元前4世纪,古希腊哲学家柏拉图在其著作《蒂迈欧篇和克里提亚斯篇》(Timaeus and Critias)中提及亚特兰蒂斯。在之后的多个世纪里关于亚特兰蒂斯的故事一直不绝于耳。

在现代,人们常常会问,亚特兰蒂斯故事背后是否真有其事。据柏拉图称,亚特兰蒂斯位于直布罗陀海峡西边,在今日所称的亚特兰蒂斯海中。其实,亚特兰蒂斯的英文词"Atlantis"起源于古希腊语,意思是"亚特兰蒂斯海"。柏拉图认为,这个城市在他创作之日起的9000年前被海水淹没。他还称,这个岛的人变得很邪恶,岛屿接连遭受地震打击,最终沉于海底。

《指环王》的作者J.R.R.托尔金在创作《地球》(Middle-earth)的时候借用了亚特兰蒂斯的故事。在《精灵美钻》(Silmarillion)中,托尔金勾画出一个辉煌的岛屿努曼诺尔(Numenor)。和亚特兰蒂斯一样,这个岛屿沉没于地球中部靠西的海洋下面。努曼诺尔在文化成就上达到了人类的顶峰(这一点与亚特兰蒂斯人相同),之后开始变得邪恶,最终受到惩罚,他们的岛被淹没。

多年来,寻找真正的亚特兰蒂斯赋予很多人以创作灵感。作者兼美国国会议员以格纳提·唐纳里(Ignatius Donnelly)在1882年写了一本书《亚特兰蒂斯:远古的世界》(Atlantias: The Antedilurian)。他在里面写道,所有人类文明都起源于这个传说中的岛屿国家。最近几年,现代科学认为,这个被毁灭、消失的岛屿或许真的存在,就在爱琴海锡拉岛被火山摧毁的地方。地理研究表明,公元前1600年锡拉岛上发生了灾难性的火山喷发。这里曾居住过高度文明的人类,是米诺斯文明(以附近的克里特岛为中心)的组成部分。几乎在一夜之间,他们的家园被完全摧毁,压在了火山灰下面。这极可能就是亚特兰蒂斯传说的根源。

> 堤丰(Typhon)是希腊神话中最凶猛的怪兽,自然而然地让人想起"台风(typhoon)"。

战士公主

与古希腊神话相关的女战士曾度占据了重要的银幕时间。其中著名的有《希娜:战士公主(Xena:Warrior Princess)》,由露西·劳伦斯饰演希娜。片中,希娜为了在希腊最大的范围内保证正义而奋起抗争。这个剧与古希腊神话的关联性较小,但还算真实。在1995到2001年的六季剧集中,希娜经常会遇到神话中的男女诸神。

在古希腊神话中,没有什么能像亚马逊女战士部落那么让人神往了。这个部落强悍的女战士们除了生育需要,完全杜绝与男性接触。根据神话传说,生的女孩会被留下、养大,变成亚马逊女人。而男孩子则送给父亲。

神奇女侠(Wonder Woman)是一个虚构的亚马逊女人,是亚马逊人中的超级英雄——战士公主,其家族历史非常悠久。神奇女侠由威廉·摩顿·马斯顿创作出来,最早在1941年12

▲ 盖尔·加朵在2017年的热播剧《神奇女侠》中担任主角

月的喜剧中出现。女侠是天堂岛上的公主，与美国士兵一同抗击德国纳粹分子。1975年，神奇女侠被搬上小小的银幕，由琳达·卡特饰演公主戴安娜（在该剧中具有神奇女侠的神秘身份）。女侠与勇敢、英俊的上校史蒂夫·特沃（由莱尔·魏葛纳饰演）一同抗击纳粹分子。在之后的续集中镜头切换到了20世纪70年代。

毫无疑问，这个女侠最新、最著名的亮相是在2017年的电影《神奇女侠》。该剧由盖尔·加朵（Gal Gadol，原为一名战斗指导员）饰演很隐蔽的特弥斯库拉岛（themiscyra）的这位亚马逊公主及超级英雄。故事的背景现在改成了第一次世界大战。公主与勇敢的美国飞行员及特工人员特沃上校（由克里斯·派恩饰演）一起，阻止德国将军鲁登道夫往盟国释放可怕的毒气。公主还认为这场战争起于邪恶的战争之神阿瑞斯在作祟，于是决定与他斗争到底。

这个版本的神奇女侠非常受欢迎，取得了票房胜利。这是因为电影成功地把一个强悍的女性形象引入超级英雄电影，而传统上，这类角色一直都是专属男性的。

在特洛伊和亚特兰蒂斯中，似乎都以有关亚马逊人的历史事实为内核，然后置于更宏大的传说中。神秘的亚马逊人与古希腊人对俄罗斯南部草原游牧民族的想象不无关联。现代考古学认为，很多萨尔马提亚民族的女性都能拿起武器，投身战斗。草原上很多女性的坟墓中都有武器。而那个时代的希腊女人根本不碰武器，女人打仗在古希腊人看来是不可思议的事情。也许正是萨尔马提亚人的这种风俗激发了古希腊人，他们以此为基础创造出了亚马逊神话。

> **J. R. R. 托尔金在创作诗作《地球》的时候引用了亚特兰蒂斯。**

图片所属

19	© Alamy; Thinkstock
26—27	© Sol 90
33	© Alamy; Look & Learn; Sol90; Wiki
41	© Getty Images
51	© Thinkstock, DK Images
53	© DK Images
59	© Getty Images
79	© Alamy, Getty Images
85	© Alamy, Getty Images
99	© Alamy, Getty Images, Carole Raddato
103	© Alamy, Getty Images
113	© Alamy, DK Images
147	© Alamy, Getty Images, Creative Commons; Jean Housen, Marsyas
157	© Look & Learn, Thinkstock, Corbis, Alamy, Frank Ippolito
169	© Adrian Mann, Alamy, Getty Images, Rex Features, Matthew Barrett
177	© Alamy, Creative Commons; CherryX
187	© Alamy, Getty Images
197	© Getty Images
213	© Alamy